# 保育の ファシリテーション

対話が生まれる
同僚性が高まる

➤ 園内研修・クラス会議・OJT
22の好事例集

公益社団法人全国私立保育連盟 監修

鈴木 健史 編著

中央法規

# 監修のことば

　本書は鈴木健史先生の『現場でよくある悩みを解消　保育リーダーのための職員が育つチームづくり』（中央法規出版）の続編に位置します。前著では、保育現場で働く保育者を中心としたチームが輝き続けるための考え方や手法が紹介されましたが、本書では、1章で「なぜ園内研修やクラス会議が活性化しないのか」の分析を行い、2章「効果的なOJT」、3章「働きやすい職場にするために」と続きます。4章以降は、実際にさまざまな取り組みを行っている保育施設の様子が紹介されています。

　現場の取り組みを紹介している書籍はたくさん世に出ていますが、その場合、成功事例を中心に取り上げられることがあります。そのような事例を目にすると、「あの園だからできる」とか「あの園長先生だからできるけど、私には無理」といった感想を抱きがちです。本書においては「課題があることに気づく」→「課題解決のための手法を考える」→「新たな手法を考える」→「その手法をブラッシュアップする」など、一連の経緯が紹介されています。また、その過程における園長の葛藤なども事例から読み取ることができ、実際に自園で取り組む際の大きな励ましになるのではないでしょうか。

　公益社団法人全国私立保育連盟では、保育者間のコミュニケーションを良好なものにするための相互尊重の場づくりを担い、充実した園内研修や会議をコーディネートする人材である「園内研修コーディネーター」を育成するための「園内研修コーディネーター育成講座」を開催しています。本講座では、受講者が「相互尊重の場づくり」や「豊かな保育実践を生み出す主体的で協働的な保育者集団・組織づくり」に貢献するミドルリーダーとしての役割を身につけることを目指しています。本書で紹介されている職員が互いを尊重するコミュニケーションの実際を体験する場としてご活用いただけましたら幸いです。

　本書を手にした皆さまの施設で豊かな保育の営みが育まれますことを祈念いたします。

2023年6月

公益社団法人全国私立保育連盟

# はじめに

　令和5年4月にこども政策の司令塔となる新たな行政機関である「こども家庭庁」が創設されました。保育現場は、こどもまんなか社会の実現のため、保育の質向上に取り組むとともに、社会に向けて保育において大切にしている価値（子どもの権利の尊重や子どもにとっての最善の利益の追求など）を発信していく役割が求められています。しかし、保育現場においては、保育人材不足や不適切保育など、課題が山積しています。

　本書は保育現場におけるファシリテーター型リーダーシップや、チームづくりについて解説した『現場でよくある悩みを解消　保育リーダーのための職員が育つチームづくり』(中央法規出版)の続編となります。保育現場における喫緊の課題である「園内研修・会議の活発化」「効果的なOJT」「働きやすい職場づくり」についての好事例の紹介を通して、保育現場の課題を解決していくためのヒントをご提供できれば幸いです。

　本書では、1〜3章において、「園内研修・会議の活発化」「効果的なOJT」「働きやすい職場づくり」における基本的な考え方について解説していますので、まずはこちらを読まれることをお勧めします。この基本的な考え方というのは、ファシリテーション（facilitation）の理論がベースになっています。ファシリテーションとは、「容易にすること」「促進すること」と訳されます。組織・チームのメンバーの目的達成と人間関係づくりを容易にし、促進することがファシリテーションの目的です。4〜7章の事例には、ファシリテーションのポイントについてアドバイスやコメントを入れさせていただきました。事例を読み進めることで、さらにファシリテーションの理論について理解を深めることができると思います。ただし、事例の通りやれば必ずうまくいくということはありません。なぜなら、園・施設によって実態（規模、子どもや職員の人数や特性、施設環境、地域の特徴等）が異なるからです。そのため、事例を「正解」として受けとめるのではなく、ファシリテーションの基本的な考え方についてよりよく理解するための参考にしてください。

　最後に、本書の執筆をご提案いただき、執筆を支えていただいた中央法規出版の平林敦史様、星野雪絵様、三井民雄様、お忙しいなか執筆にご協力いただきました各園・施設の先生方、本書の監修にご協力いただいた公益社団法人全国私立保育連盟の皆様に感謝いたします。

2023年6月

鈴木健史

# 本書の使い方

## 4章以降の事例について

　4〜7章では、「園内研修・会議の活発化」「効果的なOJT」「働きやすい職場づくり」についての好事例を紹介しています。事例では、主にリーダー層がファシリテーターとなって、組織・チームの変革に取り組んでいます。欄外にある「用語解説」「グッドポイント」「ワンポイントアドバイス」を参考に、事例を通してファシリテーションの基本的な考え方について理解を深め、ご自身の園・施設において、どのような実践ができるのかを検討してみましょう。

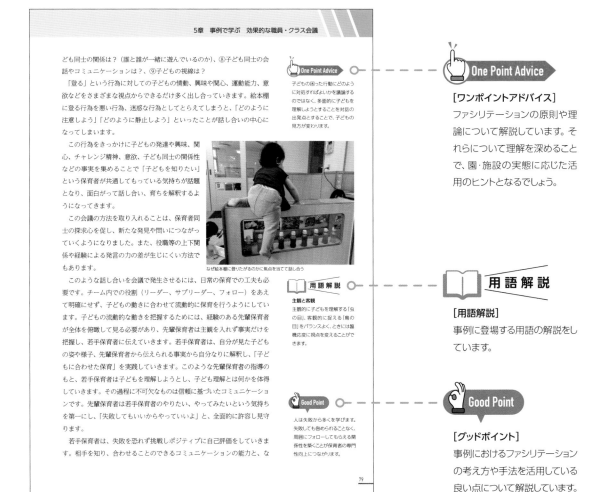

## 目次

# 1章

## なぜ、園内研修や
## クラス会議が
## 活性化しないのか

## 話し合いの場が活性化しない原因

　会議で意見やアイデアを募っても誰も発言せず、皆がうつむいてしまう。仕方なく司会者が一人の職員を指名して発言させても、「それでよいと思います」と同意を示すだけ。別の職員が思い切って新しい視点からの意見を出しても、ベテラン職員がすぐに「それは難しいのではないか？」と否定をしてしまい、また沈黙が訪れる。参加している全員が「早く終わらないかなぁ」と感じている。結局しびれを切らした司会者がいつものように、「今までこうしてきたから……」というこれまでの経験則に基づいた意見を出して結論に至る……。

　園内研修や会議などの話し合いの場において、おそらく誰もが一度はこのような状況を経験したことがあるのではないでしょうか。園内研修や会議が活性化しない原因は主に二つあります。一つは安心・安全だと感じる関係性が構築できていないこと、そしてもう一つは対話のやり方がわからないということです。

## 安心・安全な関係性の構築

　まずは関係性について考えてみましょう。

　保育の質向上や子どものよりよい育ちといった保育現場の目的達成に比べ、職員間の関係をよくしていこうという取り組みは後回しにされることが多いのではないでしょうか。しかし、日々の保育において、職員間の人間関係は重要だと感じていると思います。人間関係がうまくいっていないと、子どもに意識を向けることができなかったり、思うように保育ができず、気遣いだけで疲れてしまうでしょう。先ほどの事例のように、園内研修や会議でも率直な発言ができず、多様な視点で保育を振り返ったり、子ども理解を深めていくことなどができません。つまり、組織・チームのパフォーマンス向上や成果の質向上には、関係の質向上に取り組むことが不可欠なのです。保育現場への保護者や地域のニーズは多様化し、担わなければならない役割も拡大しています。そのため、一部のリーダーだけでは、組織・チームが直面する課題に対応することが困難です。

　組織の課題解決に必要な想像力やアイデアは、組織・チームのメンバーがもっています。お互いに率直に思っていることを気兼ねなく出し合うことのできる、安心・安全だと感じられる関係性を築いていかなければなりません。そのような組織・チームの風土を「心理的安全性」がある状態といいます。

## 心理的安全性をつくるリーダーのあり方

　「心理的安全性」とは、自分の考えを率直に伝えても、他のメンバーから攻撃されたり非難された

りすることがないと確信している状態です。組織・チームに「心理的安全性」があると、保育や仕事において新しいことに挑戦することが容易になります。チャレンジには失敗がつきものですが、失敗から多くを学び、保育の質向上につながることが期待できます。また、ヒヤリ・ハットが迅速に組織・チーム内に共有され対応することで、大きな事故を未然に防ぐことにもつながります。お互いに気になっていることや懸念を伝え合うことができるので、保育の「当たり前」が見直されるだけではなく、斬新で革新的なアイデアが共有され、保育にイノベーション（変革）が起きる可能性があります。

「保育には正解はない」といわれますが、明確な答えがないからこそ、組織・チームのメンバーが率直な対話を通して、子どもたちにとっての最適解を導き出す必要があるのです。保育者一人が自分で気づける範囲や出せるアイデアの数には限界があります。保育の質向上のためには、お互いの思いを尊重し支え合う関係性とともに、言い出しにくいことや耳の痛い指摘も伝え合い、お互いに育み合う関係性が必要になります。

ところが、発言するには努力や覚悟が必要であり、「発言を周囲が評価し採用される」という発言の効果が表れるには時間がかかります。もしくは評価されず不採用となる恐れもあります。一方で、沈黙すべきであることは本能的に悟り、自分の身を守るという効果を確実に今すぐに得られます。

【発言すること・発言しないことで得られるもの】

| | 得られる効果 | 効果が得られるタイミング | 恐れ |
|---|---|---|---|
| 発言する | 発言を周囲が評価し採用される<br>自分のことを周囲に理解してもらえる | 発言の少し後 | 発言を周囲が評価せず採用されない<br>意見が対立し関係が悪化する |
| 発言しない | 発言により自分の評価が下がることを回避できる<br>意見が対立し関係が悪化することを防ぐことができる | 沈黙後すぐ | 自分のことを周囲に理解してもらえない |

そのため、人は周囲との関係性が悪化するかもしれない、周囲に悪い評価をされるかもしれない言動は避けようとします。あるパターンがくり返されるということは、そのパターンにより何か得ているものがあるということです。たとえば、会議において、積極的に発言するのはベテランのみで、経験の浅い職員は聞き役に徹するというパターンが続いている場合、「意見の食い違いによる葛藤の回避」を全員が得ています。

そこでリーダーは、メンバーにとってモデルとなるよう、感じていることや気づいていることに

ついて勇気をもってオープンに伝えることで、メンバーが進んでリスクに立ち向かっていこうとする推進力を生み出すことができます。リーダーは、正しい意見を言おうとする必要はありません。メンバーと課題を共有し一緒に考え悩む姿を見せることで、メンバーは少しずつ躊躇なく発言できるようになるでしょう。

　リーダーは「何をするか（doing）」よりも、「どうあるか（being）」という姿勢が重要です。リーダーは自分の考えや思いを伝えることも重要ですが、メンバーの考えや思いを引き出すために、積極的な傾聴の姿勢が求められます。メンバーのありのままを「受容」することで、少しずつ信頼関係が築かれていきます。リーダーとの信頼関係ができると、メンバーは自分の悩みや弱さを率直に話せるようになります。リーダーも人間です。「何をするか（doing）」がわからず、正しい言動をとらなければならないというプレッシャーを感じることもあるでしょう。そのようなときほど、「どうあるか（being）」、あるいは「どうあろうとするか」が重要なのです。

## 保育に活かすファシリテーション

　組織・チームのパフォーマンスを向上するためには、リーダーの支援が必要です。そして、リーダーにはファシリテーター（促進者）としての姿勢が求められます。ファシリテーターとは、「プロセスに働きかける（介入する）ことを通して、グループの目標をメンバー（成員）の相互作用により共有し、その目標を達成することとメンバー間の人間関係づくり（信頼や一体感）を促進する（ファシリテート：facilitate）働きをする人」*のことです。ファシリテーション（facilitation）とは「促進すること」とか、「容易にすること」という意味です。組織・チームの目標達成（タスク）の支援と、人間関係づくり（メインテナンス）の両方の支援を行います。目標達成（タスク）の支援と、人間関係づくり（メインテナンス）は、組織・チームの車の両輪です。リーダーがファシリテーターとして両方の支援をバランスよく行うことで、パフォーマンスは向上し、組織・チームという車は勢いよく前に進みます。

【タスクとメインテナンスの支援】

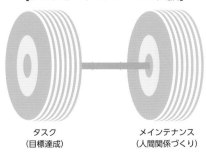

タスク　　　　　　　　　メインテナンス
（目標達成）　　　　　　（人間関係づくり）

*津村俊充『改訂新版　プロセス・エデュケーション――学びを支援するファシリテーションの理論と実際』金子書房, 65頁, 2019年

## 組織・チームの目標達成の支援

　会議における組織・チームの目標達成（タスク）とは、「議論を深め合意形成をする」ことです。会議の結論として導き出すのは、正解ではなく「最適解」です。「最適解」とは、保育者間で十分に議論し、その時点で出した答えです。「子どもにとってどうなのか」という視点で、よりよい保育（生活・遊び、環境、保育者のかかわり、行事等のあり方等）を議論し出した結論です。保育者がお互いに自分の思いを伝え合い、聴き合うことを通して、合意形成をすることが重要です。保育者は子どもにとっての最善を考え保育し、子どもの成長を実感したときにやりがいや手ごたえを感じます。そのため、納得感のない保育をすることは自己矛盾を感じ、大きなストレスになります。ただし、保育の現場は忙しく、会議の時間内に全員が納得できるような合意形成をすることが難しいと感じることも多いでしょう。そのときに思い出していただきたいのが、会議で導き出すのは正解ではなく「最適解」だということです。豊かで充実した対話のプロセスを共有することで、納得感と共感が生まれます。合意形成とは納得感があり、共感のできる妥協点を探ることなのです。それは、唯一無二の「正解」ではなく、全員で成すことのできた「成解」です。

　ただ、妥協点でよいのかという疑問も残るでしょう。しかし実は、保育に関する会議では、妥協点でなければならないのです。たとえば、2歳児クラスの室内の環境について、会議を行ったとしましょう。そして、「2歳児の室内環境はこうあるべき」という正解を出してしまうと、保育者はその環境における子どもの姿を見ようとしなくなります。環境とは、子どもの育ちや興味・関心に応じて、常につくり変えられるものです。それが環境による保育ということです。ところが、環境について正解を出してしまうと、もう子どもを理解する必要性を感じなくなってしまうのです。

【PDCAサイクル】

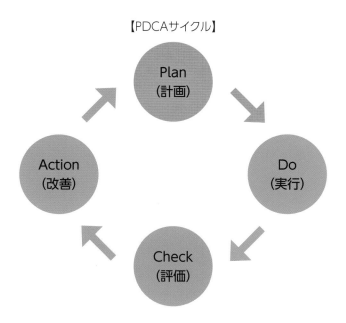

さて、会議において、全員が納得感と共感のできる妥協点を見つけることができたら、必ず振り返りの機会を設けましょう。そして、子どもの姿からよりよい室内環境についてさらに議論を積み重ねていきましょう。つまり、PDCAサイクル（Plan（計画）、Do（実行）、Check（評価）、Action（改善）の頭文字を取ったもので、物事を改善していくための方法）の循環を回すということです。リーダーはメンバーをPDCAサイクルに巻き込み、自分たちの保育に対して当事者意識をもって向き合う姿勢（オーナーシップ）をつくりましょう。プロセスを共有することで、チームワークが生まれ、チームで保育をするという感覚が生まれます。

## 組織・チームに起こっていることを理解する

　組織・チームの支援を行うには、それらの状態を把握していなければなりません。組織・チームで起こっていることを捉える際には、コンテントとプロセスという2つの視点で捉えましょう。コンテントとプロセスは氷山にたとえられます。

【コンテントとプロセス】

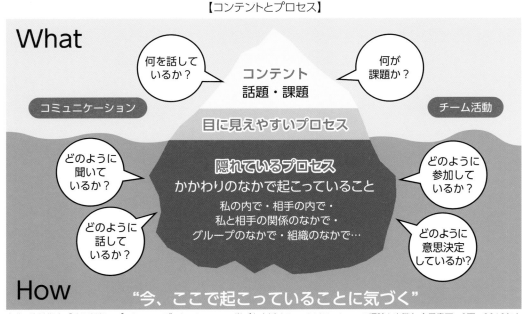

出典：津村俊充『改訂新版　プロセス・エデュケーション——学びを支援するファシリテーションの理論と実際』金子書房，9頁，2019年を一部改変

　水面の上に出ている部分がコンテントです。会議であれば、話題や課題（What）を指します。会議に参加しているメンバーは船からコンテントを眺めています。コンテントの部分は水面上に出ているので、メンバー全員が意識し理解することが容易です。ところが、プロセスは水面下にあります。そのため、船の上からメンバーはあまり意識できていません。プロセスとは、メンバーのか

かわりのなかで起こっていることです。たとえば、一人ひとりがどのように話しているか、どのように相手の話を聞いているか、どのように参加をしているか、どのように意思決定しているか、などの話し合いの取り組み方（How）です。コンテントと同時進行でプロセスは起こっています。リーダーは会議におけるコンテントだけではなく、プロセスを捉えることが求められます。リーダーは、メンバー個人の内面で起こっていることや、メンバー間で起こっていること、グループ全体で起こっていることに目を向けるようにします。次ページの表を参考に、組織・チームに起こっていることを理解し、必要な援助や介入を行いましょう。

　そのときにぜひ試してみていただきたい方法は、組織・チームを「色」にたとえてみることです。たとえば、「紫がかった青」というイメージが浮かんだなら、その理由を考えます。「感情の交流のない、冷たくて冷静な感じ」「論理的な対話はできているけど、メンバー間に温かさがない」など、「色」の理由を考えることで、組織・チームで起こっていることを捉えやすくなります。関係性や距離感、雰囲気、感情など、人と人の間に生まれる目に見えない繊細なものは、言葉で表現することが難しいため、「色」にたとえるのです。保育場面でも、子どもと保育者の間に生まれる空気感など、色で表現したほうが、しっくりくる場合もあります。そこで無理やり言葉という枠に当てはめてしまうと、本質を捉えきれなくなることもあります。枠に当てはめることをぐっとこらえ、起こっていることに浸りじっくり味わうことで、メンバー間で起こっていることについて理解が深まる可能性があります。

　もちろん、リーダーだけではなく、メンバーも自分たちの話し合いの取り組み方（How）について振り返り、よりよく改善していこうとする姿勢をもてるようになるとよいでしょう。対話は話題や課題（コンテント）だけに意識が向きがちですが、前述した通り、そこで生まれる関係性（プロセス）も重要です。対話を通して、自己の保育への思いに対して、他のメンバーから共感を得られたり、他のメンバーの思いを聴くことで、組織・チームとしてよりよい保育に向けて取り組む意欲につながります。

## 対話のやり方を学ぶ

　さて、園内研修や会議が活性化しないもう一つの原因は対話のやり方がわからないということでした。対話は人と人とのコミュニケーションです。そして、対話が成り立つためには、コミュニケーションのスキルを学ぶ必要があります。園内研修や会議は、そのスキルを学ぶ絶好の機会なのです。特に、研修とはチャレンジの場です。子どもや保護者とのかかわりでは、その場その場で最適な対応が求められ、失敗しないように心がけますが、研修の場において心理的安全性が確保されていれば、安心してチャレンジすることができます。人は失敗から多くを学ぶことができます。

　ただし、失敗ばかりが続いていては自信をなくしてしまいます。対話が成り立つためには、コミュ

【プロセスを捉えるファシリテーターの視点】

| 観察のポイント | プロセスを捉えかかわるための視点 |
|---|---|
| 個々のメンバーの様子 | ・参加の度合いは?<br>・各メンバーにどんな感情が起こっているか?<br>・メンバーはどのように受け容れられているか?<br>・グループの「外」にいる人は誰かいるか?<br>・否定的な感情の表出を抑えようとしているのは誰か?<br>・誰のどのような感情表現がどんな影響を与えているか? |
| コミュニケーション | ・発言回数の多い人、少ない人は誰か?<br>・発言の少ない人は、どのように取り扱われているか?<br>・誰が誰に話しかけることが多いか? あまり話しかけられない人はいるか?<br>・話し合いは知的なレベルでなされているか、気持ちのレベルでコミュニケーションが起こっているか? |
| 意思決定 | ・どのように意思決定をしているか?<br>・合意(コンセンサス)による決定をしているか?<br>・意思決定の仕方を気にしている人がいるか? |
| リーダーシップ | ・影響力の強い人は誰か、いつもその人であるか?<br>・影響関係に移り変わりはあるか? それを変えるのは誰か?<br>・誰のどのような言動が、グループあるいは個人にどのような影響を与えているか?<br>・話を切り出すのは誰か? 課題達成のために情報やアイデアを求めるのは誰か? 課題達成のために情報やアイデアを提供するのは誰か?<br>・情報や意見を明確にしたりするのは誰か?<br>・意見が一致しているかどうか確認しているのは誰か?<br>・意見などをまとめたり要約したりするのは誰か?<br>・意見が一致しているのか、どの程度メンバー間で合意できているかを確かめるのは誰か?<br>・メンバー間の意見を調整したり調和を取りもったりするのは誰か?<br>・他のメンバーの参加を促したり、発言量を調整したりするのは誰か?<br>・メンバーを励ましているのは誰か?<br>・他のメンバーの考えや気持ちを明確化したり妥協を取り付けたりするのは誰か?<br>・緊張をほぐすのは誰か?<br>・グループの標準(基準)を設定し、メンバー間のモチベーションを維持するように働くのは誰か? |
| グループの目標 | ・グループの目標は、メンバー全員が理解しているか?<br>・個人の目標とグループの目標とが吟味されているか?<br>・話し合いや仕事の途中で、今何をしているのか、メンバーに共通の理解があるか? |
| 時間管理 | ・メンバーには時間に対する意識が見られるか? それはどのような行動から見られるか?<br>・誰がどのように時間を管理しているか?<br>・具体的に時間に関する提案や指示がされているか? |

| 仕事の手順化<br>（組織化） | ・目標達成のためにどのような手続き・手順がとられているか、あるいは、無計画に進められているか？<br>・メンバーに役割が分担されているか？　そのことが目標達成にどのように影響しているか？ |
|---|---|
| グループの規範 | ・どのような事柄がタブー（してはいけないこと）になっているか？　それを強化している人は誰か？<br>・変に遠慮しているようなことはあるか？　それはどんなことか？　またそれはなぜか？<br>・表に表れている約束事、ルールは？　暗黙のうちに認めている約束事、ルールは？ |
| グループの雰囲気 | ・グループの様子を何かにたとえると？<br>・仕事をしようとする雰囲気か、遊び感覚で楽しもうという雰囲気か、逃避的か、活気があるか、など<br>・友好的、同情的雰囲気をよしとする傾向があるか、葛藤や不愉快な感情を抑えようとする試みが見られるか？<br>・雰囲気を表す言葉の例：開放的、同情的、あたたかい、クール、友好的、対立的、挑発的、曖昧、なれ合い、緊張、防衛的、支持的、援助的、拒否的、など |

出典：星野欣生「グループプロセスで何を見るか」南山短期大学人間関係科監，津村俊充・山口真人編『人間関係トレーニング──私を育てる教育への人間学的アプローチ──第2版』ナカニシヤ出版，45〜47頁，2005年

ニケーションのスキルだけではなく、他者と対話しようとする意志が必要です。そのため、「思い切って自分の意見を言ってみてよかった」とか、「相手の話を聴いてみることで気づきや学びが得られた」と感じられるような成功体験を重ね、対話をすること自体が楽しみになる工夫が必要です。どのような工夫をすればよいのかについては、ぜひ4章以降の事例を参考にしてください。

【対話のやり方を学ぶ】

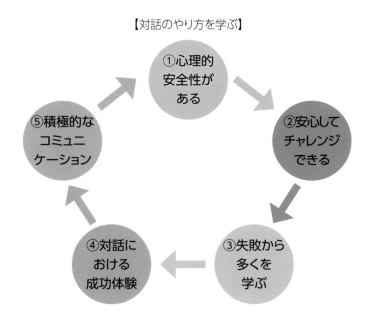

## 対話が成立するための枠組みを与える

　組織・チームのメンバーがあまり対話に慣れていない場合は、対話が成立するための枠組みを与えることで、対話を促進することができます。たとえば、「今度の行事について何か意見がある人は手を挙げてください」と言うよりも、「昨年の行事の役割分担や手順を振り返って、よりよくするためのアイデアを出してください」と伝えたほうが、参加者の発言が促されます。自由すぎると人は不自由になります。そのため、リーダーがファシリテーターとなり、適度に枠組みを提示することで、メンバーの積極的な参加を促すことができます。対話をすることにメンバーが慣れてきたら、少しずつ枠組みを外していくことができます。ここでは、対話を促すための4つの枠組みについて紹介します。

### ①園内研修のねらいや会議の目的の共有

　園内研修や会議において大事なのが、まずは目的を参加者全員で共有することです。目的を共有することで、途中で話が逸れたとしても軌道修正をすることができます。自分たちは何のために集まったのかが理解できていないと、限られた時間内で園内研修において学びや気づきを得る、会議において結論を出すといった成果を出すことは難しいでしょう。研修や会議の冒頭で、ファシリテーターからメンバー全員に研修のねらいや会議の目的をしっかりと伝えましょう。また、先述したようなファシリテーターの問いかけは、自分たちがこれから取り組むべき課題を共有することになります。

### ②研修や会議の手順

　研修や会議の手順については、ファシリテーターはある程度事前にデザインしておきます。参加するメンバーの顔を思い浮かべながら、研修のねらいや会議の目的を達成するためには、どのような手順で進めるのが最適かを考え進行表を作成しましょう。進行表は参加するメンバーにも事前に配布をしておくと、メンバーも見通しをもつことができ安心して参加できます。進行表には、場所や時間帯、参加者、プロジェクターやパソコン、付箋や模造紙などの準備物など、研修を実施するために必要な情報をもれなく書き出します。

　ただし、参加型の研修や会議は生モノです。話が想定していたよりも盛り上がり時間が足りなくなったり、研修のねらいや全体の目的から逸れた雑談から本当に取り組むべきテーマや課題が見えてきたりということが起こります。ファシリテーターは、想定外のことが起こることを恐れず、手順は目安と考え参加者の様子を観察し、臨機応変に柔軟に手順を変えていきましょう。きれいにうまくまとめようとするのではなく、ときには参加者に委ねたり流れに任せてみると、期待していた以上の成果が得られることもあります。

### ③役割分担

　園内研修や会議の冒頭に、ファシリテーターとは何をする人なのかを説明し、また自分がその役

割を担うことについて、参加者から合意を得ましょう。そして、小グループで話し合いをする際には、メンバーそれぞれに役割分担をするとよいでしょう。たとえば、進行役、記録係、発表者、タイムキーパーなどを担当してもらいます。そして、複数回の対話を行うなかで、さまざまな役割を体験できるようにします。自分の役割を認識し、チームへのどのように貢献が求められているのかを理解することと、自分以外の他のメンバーの役割についても理解できてはじめて、チームワークを発揮することができます。慣れてきて、誰もが進行、記録、発表、タイムマネジメントを意識して対話ができるようになると、自然に、流動的に役割分担ができるようになります。

④グループサイズ

　グループサイズは、「個人」「ペア」「小グループ」「全体」の4つに分類できます。

　グループサイズの特性を理解し、メンバーにとって有意義な時間が過ごせるように配慮をしましょう。基本的には、「個人」⇒「ペア」⇒「小グループ」⇒「全体」という順序で、少しずつ大きな集団にしていく方が、参加者が緊張せず安心して参加できます。

　たとえば、まず付箋やワークシートを使って、個人で記入をする時間をとります。いきなりグループで意見交換をするのではなく、個人で記入する時間をもつことで、じっくり自分の考えに向き合うことができます。その後、ペアになり個人で記入した内容を共有します。そして、3～6人程度の小グループで意見交換をします。

　多人数のよさは、視野の広がりや議論の深まりが生まれるということです。ただし、グループの人数が多ければ多いほど、一人の発言する時間は少なくなります。そのためファシリテーターは状況をみて人数調整をするようにします。対話に慣れていない場合は、3～4人を一組にするとよいでしょう。最終的には、各グループで出た意見を全体で共有します。このようなスモールステップを採用することで、メンバーのプレッシャーを軽減させることができ、さらに一人ひとりがお互いにしっかり伝え、聴く時間を確保できるため、相互理解や信頼関係の構築が促されます。

【グループサイズ】

──────────────── 1章　参考文献 ────────────────

・エイミー・C・エドモンドソン，村瀬俊朗・野津智子訳『恐れのない組織──「心理的安全性」が学習・イノベーション・成長をもたらす』英治出版，2021年

・津村俊充『改訂新版　プロセス・エデュケーション──学びを支援するファシリテーションの理論と実際』金子書房，2019年

# 2章

効果的な
OJTとは

## OJTとは

　OJT（On the Job Training）とは、先輩が仕事を通じて後輩を指導・育成する人材育成の手法の一つです。園内・外研修などは、仕事を離れた時間と場で行われるため、Off-JT（Off the Job Training）といいます。OJTのメリットは、先輩が後輩に日常的にかかわる場面が多いため、後輩のニーズをより正確に捉えることができるということです。ニーズとは、「後輩本人が感じている自己の課題」と、「先輩が後輩について課題だと感じている課題」、そして「先輩も後輩もまだ気づいていない課題」に分けられます。

　研修などのように日程が決まっているものと比べ、OJTは指導をする機会が多くあるため、適切なタイミングで教えることができます。また、日常の保育に直結した実践的指導ができます。さらに、後輩の様子を観察し、教えたことが身についたかどうかを判断することができます。

　後輩が自分の指導により成長・変化したということがわかれば、教える側のモチベーション向上にもつながります。また、自分の指導方法について自己評価することができ、指導方法の改善につながります。

　もちろん、後輩が変化しない場合は、自分の指導に自信をなくし、モチベーションも維持できなくなる可能性はあります。また、OJTでは、子どもとのかかわり方や環境構成のやり方など、具体的な保育の方法について指導する場合、保育者によりどうしても偏りがある可能性はあります。そのため、後述するようにOJTの目的に合った組織・チームの体制づくりが重要です。

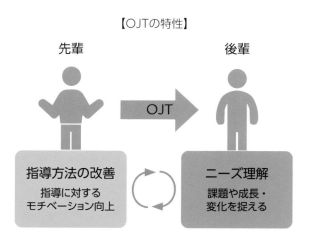

【OJTの特性】

## OJTの機会と指導方法

　具体的なOJTの機会としては、保育中はもちろん、クラス会議を行っているときや、行事の準備を行っているときなど、仕事をしているときはすべてOJTの機会とすることができます。また、仕

事の帰り道や、最近は少なくなりましたが、食事や飲みに行くときなどもOJTの機会となる場合があります。

　さて、OJTの具体的な指導方法としては、「教える」「見習わせる」「経験させる」「動機づける」「特別の指導方法」があります。

【OJTの具体的な指導方法】

| 指導方法 | 状態 |
|---|---|
| 教える | 教える、説明する、助言する、話し合い気づかせる、フィードバックする、ほめる |
| 見習わせる | やって見せる、手本を示す、経験や考え方を伝える、仕事を手伝わせる、他園見学に同行させる |
| 経験させる | 実際にやらせてみる、仕事を分担させる、原案を作成させる、権限を委譲する、意思決定に参画させる、会議で発言を促す、報告を求める |
| 動機づける | 励ます、ほめる、失敗を慰める、不平・不満を聴く、相談に乗る、目標を持たせる、職務を拡大する、責任をもたせる、保育や子どもの育ちへの思いを聴く |
| 特別の指導方法 | 読書指導、課題研究、教育的配置、1on1ミーティング |

　「教える」指導方法とは、教える、説明する、助言する、話し合い気づかせる、フィードバックする、ほめる、といった直接的な指導になります。これらは、保育の方向性や職員への期待を伝えることにもなります。

　フィードバックとは、相手の成長のために、本人が気づいていないであろうことを、教える側が言葉で伝え、気づきや変化を促すアプローチです。

　「見習わせる」指導方法とは、やって見せる、手本を示す、経験や考え方を伝える、仕事を手伝わせる、他園見学に同行させる、といった方法で、見て学ばせる方法です。ただし、ただ見るだけではあまり成長・変化という成果は得られません。たとえば、実際に子どもとかかわる場面を見せた後、保育者の意図を考察させたり、実際にやらせてみたりすることが重要です。

　「経験させる」指導方法とは、実際にやらせてみる、仕事を分担させる、指導計画やおたよりなどの原案を作成させる、権限を委譲する、意思決定に参画させる、会議で発言を促す、報告を求めるなど、多様な経験をさせる指導方法です。ただ、これも経験をさせるだけではなく、教える側が体験の意味を問いかけながら、本人の内省や考察を促すことにより、経験からより多くの学びや気づきを得ることが可能となります。

「教える」「見習わせる」「経験させる」という指導方法は、「させる」という言葉が表わすように、一方通行になりがちです。そのため、双方向的になるように「あなたはどうしたい？」と問いかけ、相手の思いや考えを受け入れる余地を残すように意識して行いましょう。

　「動機づける」指導方法とは、励ます、ほめる、失敗を慰める、不平・不満を聴く、相談に乗る、目標を持たせる、職務を拡大する、責任をもたせる、保育や子どもの育ちへの思いを聴くなどにより、本人のやる気を引き出す指導法です。「教える」「見習わせる」「経験させる」ことにより、保育の知識・技術の習得や仕事のやり方を身につけることも大切ですが、本人が前向きにOJTに取り組むためには、「動機づける」指導方法が基本となるといっても過言ではありません。

　最後の「特別の指導方法」とは、上記以外の指導方法です。読書指導や、課題研究に取り組ませる、また本人の成長につながるような教育的配置を行う、1on1ミーティングで心理的ケアをするなど、上記の4つの指導方法とは違い、常態的に取り組むものではないですが、適切なタイミングで行うことで大きな効果が得られる可能性があります。

## OJTの土台となる信頼関係の構築

　効果的にOJTを行うためには、信頼関係の構築が必須です。子どもでも大人でも、人の育ちには寄り添ってくれる他者の存在が不可欠です。そして、その他者との間には信頼関係がなければなりません。リーダーがどんなに適切なアドバイスをしても、信頼関係がない場合は、後輩が表面上は受け入れているように見えても、実行に移そうとはしないでしょう。

　リーダーもOJTの成果を出すことが求められていると感じるでしょう。しかし、効率性ばかりを追求しては、後輩職員はプレッシャーを強く感じることになります。そして、変化しない自分に苛立ち、またリーダーからの期待に答えられないことで、自信を失ってしまうかもしれません。相手の成長や変化を期待するというのは、「リーダーの基準を押し付ける」のではなく、「その人自身の内に自ら成長や変化していこうとする力があると信じる」ことです。

　先ほど、信頼関係が大切だと述べましたが、信頼はいつもこちら側から出発し相手に向かうものです。子どもと愛着関係を築く過程を思い浮かべてください。まずは保育者が子どもの力を信頼し、温かなまなざしを向けます。すると、子どもも少しずつ保育者を信頼し、愛着が形成されていきます。職員に対する信頼関係の構築も同様です。まずは、リーダーが職員に対して信頼を寄せることから始めます。そして、温かなまなざしのなかで、後輩職員はさまざまなことに挑戦し、経験を通して学び成長していくことができます。自分の思い通りに職員の成長という成果が出ないからといって、プレッシャーを与えたり、責めたりすることは愛着や信頼ではなく、OJTの成果への執着です。自分のリーダーシップの成否の対象として職員を見るのではなく、職員自身の理想や目標をリーダーが引き出し共有し、その育ちに寄り添い続けていくことが求められます。

【温かなまなざしによる信頼関係の構築】

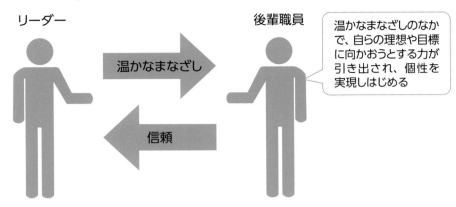

リーダー　　　　　　　　　　　　　後輩職員

温かなまなざし

信頼

温かなまなざしのなか
で、自らの理想や目標
に向かおうとする力が
引き出され、個性を
実現しはじめる

　職員は、リーダーとの信頼関係のなかで安心感を抱くことができると、よりよい保育者になろう
とする自分の内にある気持ちが引き出され、自分で決断を下し挑戦し、そうすることによって、個
性が発揮されていきます。リーダーと職員との関係が「教えるもの－教育されるもの」という一方
向的関係となると、リーダーへの依存が強くなり、自立することに支障が生じます。OJTの基本は
信頼関係の構築であり、そのためにリーダーと職員がお互いに理解し合うことを目指すなら、OJT
はリーダーと職員の共同作業となり、お互いに主体性を発揮することができます。すると、OJTは
より豊かな成果をもたらすことになるでしょう。

## リーダーに求められるコミュニケーション力

　先輩保育者は、経験を重ねたからこそ気づくことができる子どもの姿や、保育の視点があります。
そのため、相手にとって耳の痛いと感じることも伝えていく役割が求められます。ただし、職員が
受け取りやすいような伝え方をデザインしなければなりません。
　ところが、つい丁寧に「伝える」という苦労をせずに、自分の言いたいことを相手に理解しても
らいたい、という過剰な期待をもつことがあります。つまり、「私の言いたいこと、言葉にしなくて
もわかってくれるよね？」と、忖度や察することを相手に強要します。そして、相手が理解してく
れないと「どうしてわかってくれないの？」と怒りやもどかしさを感じます。
　これは、気持ちだけ必死になり、伝え方を全く工夫していない状況になっています。コミュニケー
ションを取れば取るほど、関係性は深まりますが、同時に相手に対する「言葉にしなくても理解し
てほしい」という期待感も増していきます。それではお互いに辛くなるばかりなので、相手が受け
取りやすい伝え方について、色々と試してみましょう。
　どんなに自分と合わない相手がいたとしても、相手を変えることはできません。変えようとする
と、相手は身構えて抵抗をします。外部から力が加えられたときの、生き物の自然な反応です。私

たちができるのは、自分が変わることです。しかし、自分が変わることで、相手が変わることはよくあることです。なぜなら、関係性は一人でつくっているのではなく、「わたし」と「あなた」の二人でつくっているからです。だから、自分が変われば相手の反応も変わります。反応は、くり返されると習慣になっていきます。つまり、相手の習慣も変わってくる可能性があるということです。

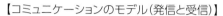

【コミュニケーションのモデル（発信と受信）】

　伝えるというのは、伝え手（発信者）が、聴き手（受信者）に対して、情報を発信することです。情報というのは、記号を使って発信します。記号は主に「言葉」という音声を用いますが、同時に「表情」や「しぐさ」などの記号も用います。とてもシンプルな作業のようですが、これがなかなか難しいのです。なぜなら、伝え手が発信した記号を、聴き手が受信する際に歪みが生じるためです。なぜ歪みが生じるのかというと、聴き手が自分の枠組み（フィルター）を通して理解しようとするからです。この枠組み（フィルター）とは、ものの見方や捉え方、価値観などで、一人ひとり違います。

　そのため、一方通行で話をしていると、誤解のないように丁寧に伝えても、聴き手の理解はどうしても多様になります。また、頭では理解していても、心では受け入れられない（心理的抵抗が生じる）ということもあります。そのため、一方通行ではなく、双方向的なコミュニケーションを意識して取り組みましょう。理解を確認し、誤解があれば修正します。また、骨太で、シンプルで、相手が受け取りやすい伝え方をデザインしましょう。コミュニケーションはスキルです。練習を重ね、相手からフィードバックをもらうことで、よりよいコミュニケーションを身につけていくことができます。

## 状況の捉え方や基準は人それぞれ

　保育にもそれぞれの保育者により独自の基準が生まれます。そして、経験年数を重ねた保育者は、高い基準を設定しがちです。たとえば、子どもの育ちに関して、「5歳児ならこのくらいできるはず」と、自己の基準に照らし合わせて評価し、足りないところや欠けているところが気になり、「やらせてほめる」保育になりがちです。また、保育に関しても自己の基準によって、他者の保育を評価す

ることがあります。たとえば、新人保育者の知識や技術のなさなど未熟さばかり目に付き、「なんでできないのだろう？」と相手を責める気持ちがわいて、ときには相手が傷つくような強い指摘をしてしまうこともあるでしょう。

　しかし、基準は人それぞれであること、経験とともに基準が上がってきたということを忘れてはいけません。ある保育の一場面を見たとき、「友達と仲よく遊ぶ姿」が望ましいと考えている保育者は、「人間関係」の育ちに注目するかもしれませんが、「豊かな言葉の獲得」が望ましいと考えている保育者は、「言葉」の育ちに注目するかもしれません。状況をどう捉えるかは、保育者それぞれの基準に影響を受けます。基準も先述のフィルターの一種です。そのため、子ども理解を深めるためには、保育者間で対話を行いながら、多様な捉え方を出し合う必要があります。対話により、他者との捉え方の違いに気づくことで、自己の基準について自覚することもできます。

## 観察と内省を基本としたリーダーの介入

　リーダーが適切な行動をとるためには、現実に起こっていることをできるだけ正確に理解することが求められます。そのために、自分の内面を客観的に眺めてみましょう。人は、感情を抑制したり克服したりして制御するために、自分の心の中で消したり否定したりしてしまう場面が多くあります。リーダーは、自分の内側に起こっている感情に気づき、ありのまま認めましょう。リーダーも人間ですので、人間らしい怒りや不安、失望などのネガティブな感情もあってよいのです。私たちは常に、現実に起こっていることを処理し分析して、評価し、判断を行っています。そのため、

【観察・感情・はたらきかけを振り返る】

| 観察が適切に行われたか？ | 多様な捉え方ができているか？ |
|---|---|
| 感情による歪みはないか？ | 自分の基準を押し付けていないか？<br>感情により理解が歪められていないか？ |
| はたらきかけは適切であったか？ | リーダーの行為は組織・チームにどのような影響を与えたか？ |

感情によって歪みが生じ、現実が誤って認識されると、適切な分析も判断も行えません。歪みを最小限にするためには、内省し、感情を客観的に捉えるようにしましょう。リーダーが行うあらゆる行為（はたらきかけ）は何らかの結果を伴う介入であることを心がける必要があり、まずは観察が適切に行われたのか、そして感情による歪みはないか、そしてはたらきかけは適切であったかなどを、十分に吟味する必要があります。

　たとえば、ある保育園では、園長先生が保育環境について気になっているクラスがありました。現場経験が豊富な園長先生だったので、気づいていることを一方的に指示することは簡単でしたが、あえてそうしませんでした。なぜなら対処療法的にかかわることは、一時的に環境がよくなることはあっても、そのクラスの保育者が、子どもの理解に基づき、自らよりよく環境を変えていこうとする姿勢を獲得しないと、継続的な保育の質向上は目指せないと考えたからです。

　リーダーがともに課題を共有し、一緒に考え悩むというプロセスを経て、保育者は成長していくことができます。また、少数派が感じている課題について尊重されず、議論の場にも取り上げられない場合、メンバーは孤独感や疎外感を感じることになります。

　ファシリテーションの目的は個人・チーム・組織の自立です。リーダーは、職員が「自分たちで気づくことができた！」とか、「私たちは自分たちで解決できた！」と感じられるように支援をしましょう。OJTでは、対象となる個人が知識・技術を習得し、保育者として成長することも大切ですが、自ら学び成長する個人・チーム・組織づくりを進めることも大切です。それにより、自ら保育者としての専門性向上や、保育の質向上に取り組もうとする姿勢が生まれます。

## 保育の方向性の共有と振り返り

　保育者は自己評価を行うことで、自分に欠けている知識や技術、あるいは保育の課題に気づくことができ、専門性の向上を目指すことができます。ただし、自己評価のためには、目指す保育の方向性が共有されていなければなりません。保育における組織・チームの目的達成（タスク）とは、保育の質の向上です。「保育には正解はない」といわれます。なぜなら、保育には「一回性」「曖昧性」「不確実性」「複雑性」といった特質があるからです。

　そのため、保育の質の確保・向上には、継続的に自己評価等、保育を振り返る機会がなければなりません。保育を振り返ることにより、現状の保育の課題だけではなく、これからの保育の方向性も見えてきます。

　さて、保育の振り返りは一人ひとりがチェックリストを活用したり、記録として文章化することで振り返ることができます。さらに、保育者間の対話により、組織・チームとして多様な視点で保育を振り返り、考察することができます。

　保育という営みは、子どもや保育に関する職員間の対話が不可欠です。なぜなら、多様な見方を

【保育の特質】

| 一回性 |
| --- |
| 二度と同じことが起こらないこと |

| 曖昧性 |
| --- |
| ある出来事の意味がはっきりと一つに定まらないこと |

| 不確実性 |
| --- |
| こうすれば必ずこうなるという機械的な確実さがないこと |

| 複雑性 |
| --- |
| さまざまな要因が背景にあって、ある場面が成り立っていること |

出典：矢藤誠慈郎『保育の質を高めるチームづくり──園と保育者の成長を支える』わかば社，28頁，2017年をもとに著者作成

出し合うことで、子どもにとっての最善を考えることができるからです。そこで、リーダーは組織・チームのメンバーがそれを意識化し、吟味できるようにサポートをします。

　省察するということは、自分の体験を振り返り、意味づけることです。そして保育における振り返りとは、保育場面で何を体験したのか、どんなことに気づいたり学んだのかを自覚化する作業です。振り返ることで、「あのときのあの体験はこんな意味があったのか」という体験の意味づけができます。どんなに忙しくても、大変でも、体験が意味づけできないと、経験として積み重ねることもできず、自己の成長を実感できません。よりよい保育のために、保育者としての成長のために省察が必要なのはもちろんですが、保育者が保育のやりがいを感じることができるために、省察の機会を多くつくりましょう。また保育を可視化することで変化を自覚し、手ごたえを感じられるようにすることも大切です。

　ただし、日常の保育において、振り返りが無理なく継続できることが重要です。複数名で一週間の保育の振り返りを行い、保育の記録を記入しつつ、次週の週案を作成するなど、作業をしながら保育を振り返る機会をつくりましょう。また、短時間で少人数の振り返りの機会を多く取るようにしましょう。人数が少なければ、発言する機会や時間も増え、語ることで自分事になり主体的に取り組むことができます。組織としての意思決定や保育の方向性の確認をする際には、全職員で対話をする必要がありますが、人数が多いと一人の発言する時間が必然的に少なくなり、他人事になる可能性があります。保育を皆で振り返り、成果を確認することで、保育の質向上を実感することができます。

## 成長する多様な機会を保障する

　OJTにおいて取り扱われる課題は、技術的問題と適応を要する課題に分けられます。技術的問題とは、問題の定義が明確で（何が問題かがわかっている）、解決策がわかっている問題です。既存の知識で解決が可能であり、知識や技術を適切に使うことによって解決できます。また、専門知識や技術をもつ一部のリーダーによって解決が可能です。組織・チームのメンバーは、問題は自分の外側にあると考えます。技術的問題は、「教える」「見習わせる」ことによって解決が可能です。

　一方で、適応を要する課題とは、問題の定義がはっきりせず（問題の発見に学習が必要）、適応が必要な課題で解決策がわかっていません。また、既存の解決策がない（既存の思考様式では解決できない）ため、既存の思考様式を変えて、行動を変える必要があります。関連する人々との探求と学習が必要であり、組織・チームのメンバーは問題の一部であり当事者（本人の思考様式や行動も影響している）です。このような適応を要する課題は、「経験させる」「動機づける」という指導法が必要です。

　人間関係の問題はまさに適応を要する課題です。現実場面では、教科書に載っているような問題だけではなく、思ってもいないような問題が起こります。保育や福祉などの人を対象とする仕事は、その最適解について対話を通して考え続けなければなりません。そのため、自立した組織・チームや個人が必要なのです。外から答えを与えられるのを待っていては応答的で柔軟な保育はできません。

【技術的問題と適応を要する課題】

| 技術的問題<br>（テクニカル・プロブレム） | 適応を要する課題<br>（アクティブ・チャレンジ） |
|---|---|
| 問題の定義が明確<br>（何が問題かがわかっている） | 問題の定義がはっきりしない<br>（問題の発見に学習が必要） |
| 解決策がわかっている | 適応が必要な課題で解決策がわかっていない |
| 既存の知識で解決が可能 | 既存の解決策がない（既存の思考様式では解決できない） |
| 知識や技術を適切に使うことによって解決できる | 既存の思考様式を変えて、行動を変える必要がある |
| 専門知識や技術をもつ人によって解決できる | 関連する人々との探求と学習が必要 |
| 問題は自分の外側にある | 問題の一部であり当事者（本人の思考様式や行動も影響している） |

出典：中村和彦『マンガでやさしくわかる組織開発』日本能率協会マネジメントセンター，40頁，2019年

　OJTとは、人材育成のための方法の1つでしかありません。そのため、Off-JTである園内研修や園外研修などにも取り組む必要があります。しかし、保育者は研修だけで育つのではありません。豊かな人生経験が保育者の人間性を育みます。OJTは人材育成の基本ですが、保育者が人生において多様な経験を重ねることを保障することも重要です。

　人材育成とは、保育の質向上にとって必要不可欠です。リーダーだけではなく、さまざまなメンバーが信頼関係のもと、お互いに他者の成長に貢献しようとする関係性が必要です。そうすることで、成長や変化を促すために意図された研修や会議だけではなく、日常の何気ない雑談も成長の機会となるでしょう。職員が自分で業務を進める力や、他者と連携する力を高め、自らのキャリアを考えて自己成長していこうとする姿勢を養うためには、職員が自分で考え、実行し、その経験から学ぶことが鍵となります。そのためリーダーは、経験から学べるように環境を整えたり、研修を受けさせるなど成長の機会をつくることが求められます。

　ただし、リーダー一人が頑張っても、効果的なOJTにはなりません。組織・チーム内にOJTの実施体制を整える必要があります。そして、OJTの目的を共有し、振り返りの機会を設けて、対象となる職員の成長や課題、ニーズなどを把握し、組織・チームで進捗を共有し、よりよいOJTのあり方を模索する必要があります。

・全国社会福祉協議会編『[改訂2版] 福祉職員キャリアパス対応生涯研修課程テキスト 中堅職員編』全国社会福祉協議会，2021年

・厚生労働省「保育所における自己評価ガイドライン（2020年改訂版)」

・W.ブレンダン・レディ著，津村俊充監訳『インターベンション・スキルズ──チームが動く、人が育つ、介入の理論と実践』金子書房，2018年

# 3章

## 働きやすい
## 職場にするために

### 同僚性の構築

　OJTの基本は信頼関係の構築であり、リーダーだけではなく、さまざまなメンバーが信頼関係のもと、お互いに他者の成長に貢献しようとする関係性が必要であると述べました。つまり、同僚性が大事だということです。それでは、より具体的に同僚性とはどのような関係性を指すのか考えてみましょう。

　職員同士の関係性は、「信頼関係」から「協働関係」へと発展し、さらに「ともに学ぶ関係」へと進みます。信頼関係はすべての関係性の土台となるものです。お互いに肯定的なまなざしを向け合い、お互いに気遣い支え合うことのできる関係性です。

　お互いに肯定的なまなざしを向けるためには、自分たちの保育に手応えを感じ、自信がもてていることが大事です。自分たちの保育に自信がないと、お互いに否定的なまなざしを向けることになり、関係性が悪化する要因となります。園内研修やOJTを通して、少しずつでもよいので自信が身につけられるようにするとともに、まずはリーダーが職員の育つ力やよりよくなろうとする力を信じることが求められます。職員の信頼関係の構築の土台となるのが、リーダーからの職員への信頼であるといっても過言ではないでしょう。

【信頼関係からともに学ぶ関係へ】

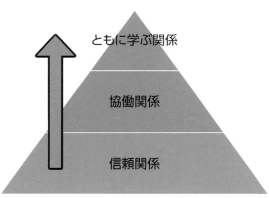

出典：中村和彦『「組織開発」を推進し、成果を上げる――マネジャーによる職場づくり　理論と実践』日本能率協会マネジメントセンター，53頁，2021年をもとに著者作成

### 「信頼関係」から「ともに学ぶ関係」へ

　「協働関係」とは、同じ目的を共有し、その目的達成を職員一人ひとりが自分ごととして捉え取り組もうとしている関係性です。そのためには、保育の理念や方向性を共有するための対話をすることが重要です。一人の保育者も成長・変化していきます。保育への思いや子どもへの思いなども、固定的ではなく変化するものです。

　そう考えると、同じクラス担任同士で保育について対話をしていても、毎回昨日と違う「私」と「あなた」で対話をしているということになります。つまり、毎回新しいメンバーで話し合いをしているようなものなのです。そのため、このような対話は一年に一度行えばよいというものではなく、一年を通じて定期的に行う必要があります。対話を通して、あらためて「自分の」ではなく、「自分たちの」明日からの保育の方向性を確認することが求められます。さらに、「協働関係」では、目標を共有するだけではなく、目標達成のために自分は何ができるのか、といった役割を認識できていることが大切です。言い換えると、組織・チームの目標達成のために、自分はどのような貢献ができるのかを考えられるということです。組織・チームは一つの船であり、職員はその乗組員です。この船（組織・チーム）の目的地はどこか（目標は何か）？を理解し、目的地（目標）に到達するために、私は何ができるのか（目標到達にどう貢献できるか）？が理解できていないと、チームワークを発揮することはできません。

【組織・チームの目標達成のために】

この船（組織・チーム）の
目的地はどこか（目標は何か）？

目的地（目標）に到達する
ために、私は何ができるのか
（目標到達にどう貢献できるか）？

　たとえば、リーダーという立場で難しいのは、園長や副園長、主任や主幹教諭、ミドルリーダーと、それぞれの役割分担が曖昧であるために起こってくる弊害です。リーダー層が保育の質向上や関係性の向上などを目指して、各々が個別にリーダーシップを発揮し、職員集団に支援をしたとしても、リーダー層の支援が重複していると合理的ではなく、また現場に混乱が生じます。

　また、逆にリーダー層で担うべき支援が欠けたり足りなかったりすると、チームがよりよいパフォーマンスを発揮できなくなります。これはリーダー層だけではなく、他の職員も同様です。「協働関係」を構築するには、目標の共有と役割の明確化が重要だということです。ただし、ときには役割を越えてお互いに助け合うことができるような柔軟性も大切です。「自分のクラスの問題じゃないから」という考え方では、チームワークを発揮することはできません。「大変そうだから手伝お

う」とか、「クラスで起こった問題だけど、園の課題として皆で取り組もう」というお節介もときには必要ではないでしょうか。

　さて、「協働関係」だけでは保育の質向上は期待できません。さらに「ともに学ぶ関係」へと発展させることが求められます。「ともに学ぶ関係」とは、お互いに切磋琢磨する関係性です。先輩から後輩へ一方的に指導をするのではなく、後輩から先輩に対してもフィードバックができる関係性です。ただ、後輩は先輩に対してフィードバックを伝えることには抵抗があります。そのため、先輩の方からフィードバックを求めましょう。たとえば、リーダーシップも、フィードバックがないと独りよがりになります。非常に勇気のいることかもしれませんが、リーダーは職員に「私の皆へのかかわり方（リーダーシップ）ってどう？」と聞いてみるとよいと思います。また、保育に関しても、「私はこう思うけど、あなたはどう？」などと、双方向のコミュニケーションを意識的に行い、課題を共有しともに学び合う関係性を築いていきましょう。立場に関係なく率直に伝え合うことができる関係性があることで、フィードバックを通してお互いの成長に貢献することができます。

## 相互尊重のコミュニケーション

　保育者がお互いに肯定的な関係性を築くことは、保育者の子どもへの肯定的なかかわりを生むことにもつながります。職員間に相互尊重の風土ができるようにリーダーは自分も相手も大切にする、自他尊重のコミュニケーションを心がけましょう。自分を卑下せず、相手を見下さず、自分の気持ちを素直に、率直に相手に伝える自分も相手も大切にする自己表現をアサーティブといいます。自己表現には大きく分けると3つのパターンがあります。「攻撃的な自己表現」「非主張的な自己表現」「アサーティブ」です。

　「攻撃的な自己表現」では、自分の考えや気持ちははっきり伝え、自己主張をしますが、相手の言い分や気持ちを無視したり軽んじます。相手に対して「私はOKだけど、あなたはOKじゃない」という自己肯定・他者否定的なメッセージです。

　「非主張的な自己表現」とは、自分の意見や考え、気持ちを表現せずに我慢することです。これは、相手を立てているつもりになりますが、実は自分や相手に対して不正直です。相手に対して「あなたはOKだけど、私はOKじゃない」という、自己否定・他者肯定的なメッセージです。この「非主張的な自己表現」をくり返すことは、相手に対して我慢を重ねることになります。すると、あるとき我慢の限界が来て、「攻撃的な自己表現」につながります。つまり、「私はこんなにあなたのために我慢してあげているのに！」という言葉が出てくることになります。しかし、相手はあなたの我慢に気づいていないので、「そんなことなら早く言ってくれればよかったのに！」という反応が返ってくるでしょう。つまり、結果的には自分も相手も大切にできていないということになります。

　そこで、第3の自己表現である「アサーティブ」に意識的に取り組みましょう。「アサーティブ」

では、自分の意見や考え、気持ちを正直に、率直に、場にふさわしい方法で言ってみようとします。同時に、相手が同じように表現することを待ちます。相手に対して「私はOK、あなたもOK」という、自己肯定・他者肯定的なメッセージです。リーダーは自分の職員に対するコミュニケーションについて、この3つのパターンのどれに当てはまるのかを振り返ってみましょう。

【3つの自己表現】

**攻撃的**
自分の考えや気持ちははっきり伝え、自己主張をするが、相手の言い分や気持ちを無視したり軽んじる
・メッセージ「私はOK　あなたはOKじゃない」

**非主張的**
自分の意見や考え、気持ちを表現せずに我慢する。相手を立てているつもりだが、実は自分や相手に対して不正直
・メッセージ「あなたはOK　私はOKじゃない」

**アサーティブ**
自分の意見や考え、気持ちを正直に、率直に、場にふさわしい方法で言ってみようとする。同時に、相手が同じように表現することを待つ
・メッセージ「あなたはOK　私もOK」

## 関係性が向上するしくみづくり

　関係性とは、流動的であり常に変化するものです。それは、新しい職員が入ってきたり、職員配置が変わったりするだけではなく、人は常に変化し続ける生き物であるからです。たとえば、プライベート（家事、妊娠、育児、子育て、介護等）での変化だけではなく、その日の体調等も保育者間の関係性に影響を及ぼします。流動的であるからこそ、常にリーダーによるケアや、関係性がよくなっていくしくみづくりが必要です。リーダーの組織・チームに対する影響力は、自覚しているよりも大きいため、アサーティブなコミュニケーションに率先して取り組む必要があります。

　ただし、それだけでは、関係性は向上しません。やはり、職員相互に関係性向上に、意識的にかつ継続的に取り組めるようなしくみづくりが求められます。たとえば、園内研修や会議で、ペアや小グループで対話の機会をつくることで、相互理解が促され関係性の向上が期待できます。そのような公式な機会を確保することで、休憩時間中の雑談などリーダーの知らないところで、自主的にお互いにコミュニケーションを取るようになります。

保育現場は毎日忙しく、他のクラスを担当している職員とは一日全く顔を合わさないという状況が生まれます。そのため、お互いがどのような人間であるのか（人となり）を知り合うきっかけがなく、時間だけが過ぎていきます。人はよくわからないことは自分がもっている情報だけを頼りに想像で補おうとします。たとえば、あまりよく知らない保育者が、会議に遅れてくるのをたまたま目撃します。すると、「この人は時間にルーズな人なんだな」と一般化してしまいます。このような「対人認知の誤り」が多くの場面で生じます。相互理解ができていないということは、この「対人認知の誤り」が相互に起こると考えてください。つまり、お互いに現実の相手ではなく、想像上の相手との間で人間関係をつくっているということです。

【対人認知の誤りの例】

この人は時間に
ルーズな人なんだ！

今日に限って
電車が遅延して
いるなんて！

人は自分が知っている少ない情報から、全体を想像で
補おうとする

　OJTでリーダーのあり方として述べましたが、関係性をつくるうえで大切なことは、現実を正しく認識することです。ある園では、保護者に向けた職員の自己紹介を玄関に貼っていました。月に一度テーマが変わるのですが、1月のテーマは「一年の抱負」でした。すると、ある職員が自主的に「がんばろうね！」とか、「詳しく教えて」といったコメントを付箋に書いて自己紹介に貼り始めました。またある園では各クラスが週案を書いて、事務室に貼っておくと他のクラスの職員からコメントが記入されるようなしくみを取り入れています。このように相互理解が促されるようなしくみが必要です。

## 保護者や地域との関係性の向上

　保護者や地域との関係性は、職員の働きやすさに大きく影響を及ぼします。保護者との関係が良

好で、日々子どもの育ちの喜びを共有し感謝してもらえている園もあれば、毎日クレーム対応が大変で、子どもや保育に注力する気力がない園もあります。その違いはどこから来ているのでしょうか。もちろん、地域の特徴の違いはあると思います。ただ、他園と比較するのではなく、自園の保護者や地域との関係性が、今よりもよりよくなるためにはどのような取り組みが必要なのかを考えてみましょう。

　「クレーム」や「苦情」という言い方は、言葉のニュアンスから批判や否定をされているというネガティブな印象を感じます。そのため、どうしても職員がその言葉を聞いたときに反射的に身構えてしまいます。そこで、「ニーズ」や「要望」、あるいは「フィードバック」と言い換えてみましょう。職員相互が成長に貢献するためには、フィードバックすることができる関係性が重要であると先に述べました。これを保護者や地域の方との関係性に当てはめて考えてみましょう。保護者は、子どもがいつもお世話になっている保育者に対してフィードバックをすることは遠慮し、ある程度、我慢や妥協をしています。そして、どうしても伝える必要があるときに伝えてくると考えてみてください。自分たちの園をよくしていくために、保護者は勇気を出して貢献してくれたと捉えることができます。

　そして、応急的な対応と恒久的な対策を行いましょう。応急的な対応とは、たとえば風邪をひいたら風邪薬を飲み安静にするという、応急処置的な対応のことです。「ニーズ」や「要望」を伝えてくれた保護者の話を傾聴し、折り合えるところを探すことです。「なぜ？」「どうして？」と保護者に対する反論したい気持ちを抑え、まずは保護者の気持ちを十分に理解できるように努めましょう。言葉の背景にある、保護者の不安などの本心や、保育への無理解などの本当の問題は何かということを捉えるようにします。

　そして、恒久的な対策とは、同じような問題が今後起こらないような対策です。たとえばできるだけ風邪をひかないように手洗いうがいをする、適度な運動をして身体を鍛えるなどです。伝えてきた保護者だけに対応するのでは不十分です。同じような「ニーズ」や「要望」を感じている保護者は他にもいると考えましょう。保育者は、子どもの健全な成長のために、家族という集団が「子どもを育てる」という機能を全うできるように支援をする必要があります。「育てる─育ててもらう」関係や、「向かい合う関係」から、「ともに子どもを育てる関係」や「横並びの関係」へとシフトするためにはどのような取り組みができるのかを考えましょう。リーダーはまだ経験の浅い保育者が保護者の対応に困っていたら、一人で対処が難しい状況の場合はサポートし、保育者個人と保護者の関係性向上を目指しましょう。ただし、保育者個人とその保護者との関係性の向上だけではなく、園と保護者がどのような関係性を目指しているのか、そのためにどのような取り組みが必要なのかを考えます。保護者とも「信頼関係」から「協働関係」へ、そして「ともに学ぶ関係」へと発展させていきましょう。本書には地域の方とそのような関係性をつくっていった事例が紹介されています。ぜひ参考にしてください。

【応急的な対応と恒久的な対策】

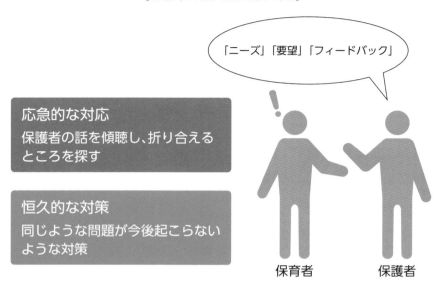

「ニーズ」「要望」「フィードバック」

応急的な対応
保護者の話を傾聴し、折り合える
ところを探す

恒久的な対策
同じような問題が今後起こらない
ような対策

保育者　　　保護者

【保護者と保育者をつなげるリーダー】

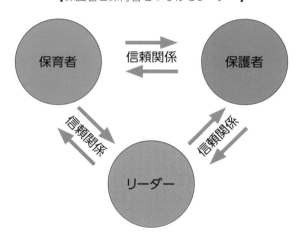

保育者　信頼関係　保護者

信頼関係　　　信頼関係

リーダー

## 「ムダ・ムラ・ムリ」をなくす

　さて、これまで主に関係性向上の重要性についてお話ししましたが、関係性の向上だけでは、働きやすい職場にはなりません。たとえば、パワハラが起きやすい職場の要因に、忙しすぎる職場と、マネジメントが徹底されていない職場というのがあります。忙しすぎる職場では、自らが仕事をこなすことに精一杯で、他者の気持ちに配慮する余裕がなくなります。また、人や仕事のマネジメントが徹底されていない職場では、業務の役割分担や手順化がなされていないためにトラブルや不満からストレスがたまり、パワハラや人間関係の悪化にもつながってしまいます。そのため、働きや

すい職場づくりのために、業務改善に取り組みましょう。

　業務改善の基本は、「ムダ・ムラ・ムリ」をなくすことです。「ムダ」とは、必要以上にやっている余計な業務のことです。たとえば、記録や計画でよくあるのは、保育に全く役に立たない書式を使っていたり、「とにかく書く」ということだけ義務的に行っていたりします。また、会議も目的が明確になっておらず、とりあえず参加するだけの会議になっている場合があります。

　そこで、記録や会議については、それらの目的を整理してみてください。そして、目的を達成するために必要最低限の書式ややり方を検討してみましょう。とにかくムダな業務は減らすかなくすことを考えましょう。業務の「モレ」はなくす必要がありますが、業務の効率化をはかるためには、「ダブり」をなくすことも意識しましょう。

　次に、「ムラ」ですが、これは業務分担のバラツキのことを指します。適切な業務のやり方が標準化されていない場合に起こる、一人ひとりの保育や仕事の質に差がある状態です。たとえば、早番の担当がベテラン職員か、新人職員かによって、開園の準備に違いが生じることがあります。新人職員の場合は、十分に子どもを受け入れる環境が整っていないことで、新人職員が自信をなくし、他の職員は保育に支障が生じて不満をもつということが起こります。

　これはOJTで述べた「技術的問題」に当たりますが、このような「ムラ」を防ぐためには、業務の標準化を行い、マニュアルや手順書を作成し手順を明確にすることです。また、保育においても「ムラ」が起こります。保育技術は、適応を要する課題になります。保育技術に大きな差をなくすためには、OJTに取り組むとともに人員配置も重要です。保育の経験年数が平均的になるようにクラスの人員配置をするなどの工夫が必要です。

　保育現場においては、人員配置についても「ムラ」が生じやすいです。一般的に保育園では、乳児クラスの保育担当者は多く配置されているため、ノンコンタクトタイム（休憩時間とは別に勤務時間内に子どもと接する時間と場から離れて、業務を行う時間）が取りやすいですが、幼児保育クラスの担当者は各クラス一人であったり、少数であることが多いため、休憩時間も確保されないということが起こりがちです。このような場合、業務分担に偏りが生じ、職員間に不満がたまりやすくなります。

　さて、最後の「ムリ」とは、職員に能力以上の成果を求めている状態です。たとえば、新人保育者にベテラン保育者と同じ時間で、適切な書類の作成を求めることや、リーダーシップを学んだことがない職員にリーダーを担わせるなどです。

　特に、保育の質向上に取り組もうとするときに、これまでやっていなかった新たな取り組みにチャレンジすることが多いですが、今までの仕事量をそのままにしては負担が増えたと感じてしまいます。余裕がないと、積極的に取り組む姿勢は生まれません。特に、一部の職員の我慢で成り立っている組織・チームは長続きせず、必ずいつか破綻します。難しすぎる、多すぎる、時間がなさすぎる……などの「すぎる」ものは、今やっている仕事を減らすかなくす、もしくはICT（Information and Communication Technology、情報通信技術）を用いるなどして効率化する必要があります。保育者が保育に注力できる環境は、保育の質の確保・向上にもつながります。

【業務のムダ・ムラ・ムリ】

ムダ

必要以上にやっている余計な業務のこと

ムラ

適切な業務のやり方が標準化されていない場合に起こる業務のバラツキのこと

ムリ

職員に能力以上の成果を求めている状態

## 皆で取り組む業務改善

　業務改善のために、まずはリーダー層がマネジメントやリーダーシップの能力を身につけることが大切です。ただし、これまでも述べてきたように、リーダー層だけで園の課題を解決しようとする必要はありません。そのようなことをすると、それこそ業務分担の「ムラ」が生じてしまいます。そのため、業務改善についても、職員の力を借りましょう。課題解決の答えは、業務を担当している当事者である職員のなかに埋もれています。

　人は自分ではどうすることもできないことに対してネガティブな感情を抱きやすいものです。特に、人事に関することや労働条件・環境に関することは、自分で選択できないため、受身的になりやすく不満を抱きやすいです。リーダー層が考えた解決策の押しつけも納得感がなく不満につながる可能性があります。そのため、職員と業務改善について対話をし、保育者として安心して仕事を継続できる職場環境にしていくことが重要です。それが、職員の立場に立った業務改善にもなります。

　業務改善の進め方ですが、①見える化⇒②対話⇒③改善実行の手順で行います。

　「①見える化」とは、まずは全体の業務や一人ひとりが感じている課題を見える化するということです。組織・チームとして仕事をするには、仕事の全体像を捉え、自分が組織・チームの何を担っているのかを認識することが必要です。

　次に、「②対話」を行います。課題について困り感を共有し、改善策のアイデア出しをします。リーダー層だけでは視野も狭くなりがちです。できるだけ多くの職員を巻き込んでアイデア出しを

してみましょう。まずは実際にできるかどうかは考えず、多くの意見を出します。その後実行可能で、かつ効果的な解決策に絞り込んでいきましょう。どのような改善のために、誰が、いつ、何に取り組むのかを明確にしましょう。

　「③改善実行」では、役割分担をしてそれぞれが解決策を実行します。そして、職員が再度集まり、また「①見える化」をします。うまくいったことと、うまくいかなかったことを明らかにし、解決策や役割分担の軌道修正を行います。改善実行を通して得た気づきや学びを次に生かします。

【業務改善の循環】

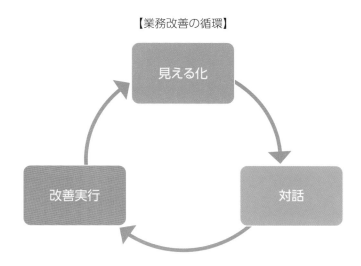

　リーダーは組織・チームのメンバーが自分たちで業務改善の循環をチームが回せるように支援をするとともに、リーダーもメンバーの一員として取り組みましょう。

　皆さんの園で、働きやすい環境づくりのために、職員間で話し合ってみたい課題は何でしょうか。また、そのような課題が改善されたら、どのようなよいことがあると思いますか。保育の質の確保・向上のために、組織を学習する組織に変えていく必要があります。子どもの最善の利益を保障し、子どもの健やかな育ちを支えるためにも、職員一人ひとりの働きやすさの向上に取り組んでいきましょう。

―――――――――――― 3章 参考文献 ――――――――――――

・平木典子『三訂版 アサーション・トレーニング――さわやかな〈自己表現〉のために』金子書房，2021年

・岡田康子・稲尾和泉『パワーハラスメント〈第2版〉』日本経済新聞出版，2018年

・中原淳『サーベイ・フィードバック入門――「データと対話」で職場を変える技術【これからの組織開発の教科書】』PHP研究所，2020年

・中村和彦『「組織開発」を推進し、成果を上げる――マネジャーによる職場づくり 理論と実践』日本能率協会マネジメントセンター，2021年

# 4章

## 事例で学ぶ
## 効果的な
## 園内研修

# 安心して参加できる環境をつくる

発表後はお互いを認め、たたえ合おう！　お疲れさまでした！

**事例紹介**

参加・対話型の会議や研修を意義のあるものとするためには、一人ひとりの職員が安心して参加できる環境づくりが不可欠です。この事例では、多様なファシリテーションのスキルを用いるだけではなく、リーダー層が自分たちの思いを積極的に開示し共有することで、率直な意見交換ができる環境づくりを目指しています。

# 1 よりよい保育を目指して

　たつみ保育園では、月1回、夜間に職員会議を開催しています。参加者は、新任、初任、中堅、リーダー層の正規職員（保育者、看護師、栄養士、調理員）で、合計約20名です。

　毎回、一番現場に近い位置にいるリーダー層（保育ファシリテーター養成講座受講者）が中心となり、いま園で起こっている出来事に対する悩みや迷い、子どもたちの姿や環境など、幅広く、話し合いたいテーマについて話しています。

　テーマは、会議前日までに職員に昼礼や掲示にて共有し、当日はグラウンドルールを設定し、導入として小グループ（1グループ4〜5人）に分かれアイスブレイクを行った後、テーマに沿って30分〜1時間のグループワークを行います。その後、各グループで話し合った内容を発表し、参加者全員で情報を共有し、よりよい保育へとつながるよう意識を高めています。

たつみ保育園職員階層

| 園長 |
| 副園長 |
| 主任 |
| 副主任 |
| リーダー層 |
| 中堅層 |
| 新任・初任層 |

**用語解説**

**保育ファシリテーター養成講座**
ファシリテーターとしてのスキルとマインドを体験を通して学ぶ講座です。ファシリテーションは体感することで、実践に移しやすくなります。

**用語解説**

**グラウンドルール**
参加者全員が安心して参加するための研修における約束事です。

**Good Point**

事前に会議のテーマを周知することで、それぞれが必要な準備ができます。また、レジュメを配布することで、全員が見通しをもつことができ、安心して参加できます。

# 2 さまざまなファシリテーションの工夫

　心掛けていることは、「みんなで会議をつくっていくこと」です。新任や初任の職員も安心して平等に発言できるような雰囲気づくりを重視しています。付箋も活用しますが、付箋がなくても自由に発言できる場、職種を問わず、疎外感を感じることなく語り合えるような場づくりを心掛け、以下の工夫をしています。

①アイスブレイク、グラウンドルールの導入

　アイスブレイクは、会議のテーマによって取り入れる場合とそうでない場合があります。身体を動かすことで個々がリラックスできるもの、チーム力を高めるものなど、内容は都度異なります。また、リーダー層が他園の会議に参加した際に、「ただ参加するだけでなく、個々がその会議に気持ちをもって参加している印象」を受けた体験から、自園でも早速グラウンドルールを導入し、目的意識の明確化や職員一人ひとりの会議に対する参加意識の向上を目指しました。

②小グループに分ける

　グループワークを行う際は、新任、初任層からリーダー層までの各階層のメンバーから構成される小グループにしています。各グループに各階層の職員がいることで、さまざまな視点から意見が出され、経験年数が異なる職員がともに考えることで一体感が得られます。また、そのグループのなかで活発に意見交換が行われるよう、メンバーの配置も考慮しています。

③リラックスして発言したくなる環境づくり

さまざまな色や形の付箋を用意して気持ちを表してもらう

　会議の備品として、「さまざまな色や形の付箋」「持ち歩けるホワイトボード」「チームの色分け小道具（ラグや布、木の玩具など）」を使います。「今日はこの色・形に書いてみよう」といった気持ちを反映できる文具を用意することも、発言してよいという安心感がもてる雰囲気づくりにつながります。ときには、甘いものをつまみながら語り合うこともあります。

## ３　保育リーダーの動き

　保育リーダーは、0・1・2歳児および3・4・5歳児クラスに1名ずつ配置しています。この2名のリーダーは、ファシリテーターとしてチームの実態を把握し、必要に応じて介入・支援を行います。保育リーダーは最も現場の保育者との距離が近いため、日々の保育のなかで保育者や子どもたちの姿を見ています。そのため、会議の企画は各リーダーからの生の声が活かされます。保育リーダーは、保育ファシリテーション養成講座を受講している者と未受講の者がいるため、受講済みのリーダーを中心として会議や園内研修の内容の検討や、企画、運営について幾度もミーティングを重ね、保育の現状や職員の悩ましさや課題に基づいてテーマを決定しています。

　テーマが決定すると、当日の担当（進行・タイムキーパーなど）や時間配分、グループ分け、

各階層のメンバーで構成される小グループで話し合う

使用する備品について内容の細かい検討を行いますが、保育リーダーたちはクラス担任もしていますので、ミーティング時間の抽出が難しい場合もあります。

　また、テーマが楽しい雰囲気のものならば、アイスブレイクを行わなくても会の雰囲気は柔らかく活性化されますが、危機管理などの緊迫したテーマの際には開始前のアイスブレイクは欠かせません。テーマによってはその会への配慮事項も変わってきます。

## 4 対話と実践をつなげる

　ある月のテーマは「子どもにとっての午睡とは？」でした。

　当園では、0・1・2歳児は各保育室で、3・4・5歳児はホールで午睡を行います。3・4・5歳児は、成長するにつれて個人差も大きいこと、また家庭の都合により登園時間が遅い子や、体力がついてきてなかなか眠りにつけない子どもも増えてきているという状況がありました。

　「眠りたくない子どもにとって午睡は必要なのか？」「眠るまでずっと横にならなくてはならないのか？」という声が保育者からも挙がっていたため、職員会議でこのテーマを話し合うことに決定しました。前日までにレジュメを事務所内で掲示し、参加者はテーマを事前に知ったうえで会議へ参加しました。

ある月のレジュメ

```
                    12月　職員会議
18:45〜　諸連絡
18:50〜　アイスブレイク
19:05〜　子どもにとっての暮らしやすさって？　〜上履き〜グループワーク
20:05〜　発表
20:30〜　人権について

グループ
Aグループ　○○、○○、○○、○○、○○
Bグループ　○○、○○、○○、○○、○○
Cグループ　○○、○○、○○、○○、○○
Dグループ　○○、○○、○○、○○、○○　　　　　○○は各グループの職員の名前

1月の予定
〜〜〜〜〜〜〜〜〜〜〜
```

　今回は、グラウンドルール「言葉を選ばない」「他者の話を否定しない」を設けたため、会議前に説明を行いました。1つのグループに4〜5人ずつ、

**One Point Advice**

会議や研修に参加する職員の様子を思い浮かべながら、流れを考えていきましょう。参加・対話型の研修を実施すると、それぞれの職員の個性もよく見えてくるでしょう。

**Good Point**

グラウンドルールを一方的に押し付けるのではなく、今回の会議において、なぜそのようなグラウンドルールが必要であるのかを説明し、合意を得てから本題に入っています。

4つのグループに分かれ、ファシリテーターがその会議のテーマ選んだ背景を説明し、参加者がわかりやすく、理解しやすい言葉で進行しました。

日常の子どもたちの様子から見えてきたテーマでしたので、子ども、家庭、保育者それぞれの目線からの意見が出てきました。各グループにファシリテーターを配置し、参加者全員が意見を発信していけるよう配慮し、さまざまな角度から出てくる意見を否定せずに受け入れていきました。話し合いが活性化する声掛けや、語りやすい雰囲気づくり、また方向がそれてしまいそうなときに軌道修正するなどのサポートを行いました。

今回はグループワークを45分間行い、模造紙と色ペンを使いながらゆっくりと語り合い、その後、話した内容をグループごとに発表しました。発表しやすい雰囲気づくりとして、聴く姿勢の配慮と発表後は拍手で互いを認め合うことを行っています。

初任層の保育者からは、午睡についての戸惑いや、本当にこれでよいのか？といった迷いの声が挙がってきました。そして、年齢による午睡の違いや子どもたちの気持ち、年齢ごとの姿の理解、家庭での過ごし方に伴う保護者からの要望、保育者がそこをどのように整理してかかわっていくのかが今後の課題となりました。

今回の会議では、毎日の子どもとのかかわりのなかですぐに答えが出ることではないため、職員の様子からは消化不良な様子が垣間見られました。

**Good Point**

話し合いの結果（タスク）だけではなく、関係性の向上（メインテナンス）についても配慮しています。

**Good Point**

初任層の保育者が、戸惑いなどを率直に発言できる場づくりや関係性づくりができています。

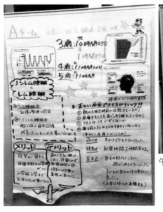

午睡についての学びを模造紙にまとめた

学びの様子

その後、次回の会議についてファシリテーターが話し合いを行い、睡眠に対する知識をもっと深めたいとの理由で、「睡眠についての研修会」を開催することになりました。睡眠のメカニズムや他の保育園の事例を参考に学びを深め、職員個々の強みや自信につながるきっかけづくりとなりました。

## 5 今後に向けた課題と展望

当園のファシリテーターが心掛けているのは、心おきなく、立場や経験、年齢を問わず、自由に語り合える場として「みんなで会議をつくっていく」ことです。その気持ちは職員に伝わっているようで、若年層職員からは「会議の雰囲気が柔らかく発言しやすい」「いつ発言すればよいか迷いや不安があるが、必ず発言できる場をつくってくれるため、安心して参加できる」といった声が、中堅層からは「グループワークの意見を発表する際に、以前は"年功序列感"があったが、今は経験の浅い職員が発表を重ねることで、自信につながっているように感じる」という声が聞かれています。その声を聞き、改めて一つの課題や目標に向かい職員がリラックスしながらも、自分の考えを言葉にして「発信したい」という気持ちが根付き始めているように感じています。

ここ数年、コロナ禍で自由に思いを伝え合うことや、長時間、顔と顔を合わせて語り合う機会は減少していました。オンラインで会議を開催することも多く、その度、意思疎通の難しさや気持ちの伝わりにくさを痛感した時期もありました。今後は、同じ空間で思いを語り合うことで「たつみ保育園の今」と「これから」を、また「こどもたちにとってのくらし」というテーマについて深く広く考えていきたいと思います。

そして、ファシリテーターが外部研修へ参加するなどして、さらに学びを深め、現在の方法を振り返り、実践し、考察を続けるとともに、新たに中堅層の職員がファシリテーターとなり、後輩たちに「未来への思いを語れる場」の提供を行っていけるよう継続したいと考えています。

園　名：社会福祉法人清遊の家　葛飾区たつみ保育園
所在地：東京都葛飾区
定　員：114名

One Point Advice

その場で結論を出したくなりますが、子どもにとっての最善を目指して、自分たちに欠けている知識や技術に気づき、それらを習得する機会を設けることが大切です。

One Point Advice

多様な層の職員がファシリテーターになることで、日々の小さな会議の場においても、安心して参加できる環境ができ、より充実した対話の時間が確保されます。

# 食育イベントを動画で研究する

食育イベント（食育 Day！）で野菜スタンプを使って遊ぶ子どもたち

会議や研修では、多様なものの見方や捉え方を尊重する姿勢が求められます。ただ、頭ではわかっていても実践することは難しいと感じるものです。この事例ではファシリテーターの環境づくりや配慮により、職員が自然と他者との違いに気づくだけではなく、相互に尊重するような話し合いを体験できています。

# 1 子どもにとっての「食」とは？

　かみこまつ保育園では月に1度、保育者と栄養士で給食会議の時間を設けています。喫食状況の共有や、離乳食の進め方や食事の援助方法などの食に関する悩みの解決をねらいとした場です。職員からの要望で2年前から始まりました。今回の取り組みは、給食会議で保育者と栄養士との対話から生まれたアイデアがきっかけでした。

　給食会議で各クラスの喫食状況や新メニューに対する子どもたちの反応を報告するなかで、副主任から「なぜ子どもたちは野菜が嫌いなのだろう？保育者ができる援助ってなんだろう？」と発言がありました。その発言から、保育者と栄養士でさまざまな意見を交わしました。

さまざまな野菜を準備

　「もしかしたら、子どもたちは普段、調理済みの野菜にしか触れていなくて、野菜の原型や匂い、形が身近ではないのかもしれない」という声が挙がりました。これに多くの共感が集まり、全園児で野菜の形や匂い、手触りなどに親しむ取り組みを始めることになりました。行事以外で園を挙げて子どもたちに活動を企画するのは初めてです。この取り組みを「食育Day！」と名付けました。このアイデアに盛り上がりを見せる保育者たちからは、せっかくなら遊びの様子を動画で撮影しておいて、比較したら学びになるかもしれないという意見が出ました。「食育Day！」の活動内容は、どの年齢でも遊びやすい野菜スタンプにし、その様子を動画で比較して研究することになりました。

# 2 行事から研修へ

　「食育Day！」開催後、園長がファシリテーターを務め、園内研修を開催しました。研修時間は日中の60分間です。動画は1クラス1分30秒程度にまとめ、0歳児〜5歳児クラスまで計7分程度視聴になりました。中堅グループと新任＆ベテラングループに3〜4人単位で分かれました。初めに研修の趣旨を説明し、2回動画を視聴します。その後、気づいたことなどをレジュ

**Good Point**
保育者が「子どもにとってどうなのか」という視点で保育を振り返る姿勢が大切です。保育をよくするヒントは子どもの姿にあります。

**Good Point**
「食育Day！」など、保育者がワクワクするようなネーミングをつけることで、積極的に企画に取り組もうとする姿勢が生まれます。

**One Point Advice**
同じ動画を視聴しても、注目するポイントは人それぞれです。そのような職員の多様性を前提にした研修の進め方ができています。

動画を見て話し合う職員たち

メに記入してもらい、各クラスの子どもたちの遊びから気づいたことを15分間程度グループで共有します。共有したことを踏まえて動画をもう1回視聴し、改めて気づいた点などを追記してもらい、最後にそれぞれのグループで話し合ったことを全体に向けて発表しました。

## 3 対話を促進するための工夫

今回の研修では、意識して学びを得られるような環境づくりを設定しました。また、ねらいを「発達の違う子どもの遊びから学ぶ」と設定しました。それとは別に、ファシリテーションを行ううえでのねらいを「対話がしやすい環境を整える」と定め、レジュメや動画編集とファシリテーターからの問いかけ、メンバーの設定を工夫しました。

### ①レジュメの工夫

対話しやすい環境を整えるために、職員へ配布するレジュメでは以下の点を工夫しました。

・それぞれのクラスの気づいたことを書きやすいようにした

・気づいたことを書くときは「質よりも数を重視する」ことを強調した

・自由記述欄を設け、全体を通して気づいたことを書ける余白を残した

特に、「質よりも数を重視する」と強調したのがポイントです。メンバーは新任からベテランまで保育経験が大きく異なり、どうしても新任職員は発言する際に萎縮してしまいます。それを払拭するしくみとして、とにかく数を多く挙げてもらうことで発言へのハードルを下げました。

ベテラン職員が気づかなかった点に新任職員が気づいていたということもあり、子どもへの新しい視点をお互いに深めることができ、数を重視し

**用語解説**

**ファシリテーションを行ううえでのねらい**

研修のねらいとは別に、ファシリテーターがその研修において大切にしたいことを、ファシリテーターのねらいとして設定することがあります。

たことはとても効果的でした。ベテランだけが正しい視点をもっているわけではなく、さまざまな視点から発言できる環境が保育における振り返りの質をより高めていくということを全職員が体感する機会になりました。

②動画編集とファシリテーターからの問いかけの工夫

各クラスで撮られた動画は、長いと20分以上ありました。保育を行いながらの動画撮影はなかなか難しく、また

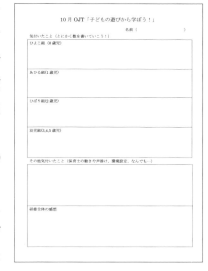

定点カメラで撮ったり、撮影に夢中になると長くなってしまいます。それをすべて視聴することはできないので、動画を編集します。しかし、適当に切り取った動画では対話は広がりません。動画の中に編集者の「隠されたメッセージ」を込めることが大切です。

あるクラスの動画では、あえて「野菜スタンプではなく手に絵の具を塗る子」をフォーカスし、対話のきっかけになるようにしました。また、ファシリテーターから「子どもたちが、保育者の意図しない遊びを始めたとき、あなたはどうしますか?」という問いかけをしました。保育者はしっかりとこの問いに向き合い、それぞれの思いを発言しました。

どのグループも「活動に積極的ではないのは、その子の"いまの表現"なので、その表現を認めてあげる」「子どもには選ぶ権利がある」という答えを導き出しました。結果として、動画に込めたメッセージやファシリテーターの問いから、対話が生まれ、保育において大切にしたい価値観を共有することができました。

③メンバーの組み合わせの工夫

今回はファシリテーターがグループのメンバーを指定しました。以下のような意図をもって、経験年数が3〜5年程度の中堅グループと1〜2年の新任&5年以上のベテラングループの2つに分けました。

One Point Advice

参加者が記入するレジュメやワークシートの項目や様式は、参加者の思考の流れや、参加者間の対話の流れに大きく影響を及ぼすため、十分に検討しましょう。

Good Point

研修のねらいを達成するために適切な時間管理や、気づきや対話を促す効果的な問いかけをすることも、ファシリテーターの大切な役割です。

野菜スタンプではなく手に絵の具を塗る子

・新任層は交流に壁ができてしまいがちなベテラン層と組むことで、子どもたちの発達の見方や環境設定の意図など、ベテランならではの視点を学び、保育のスキルアップにつなげる
・中堅層はこれまでの保育経験をアウトプットし、多くの気づきを得る
・ベテラン層は新任層と組むことで、子どもへの深い考察を伝える。さらに、新任ならではの視点に気づき、視野を広げる

　結果的にそれぞれのグループが期待通りの成果をあげました。特にベテラン保育者が「そんなところまで細かく見ているのね。私は全然気づかなかった」と発言している姿が印象的でした。ベテラン保育者の視野の広がりとともに、新任保育者にとっても自信につながった場面でした。

## 4 ファシリテーターとして大切にしていること

　今回の研修は園長がファシリテーターを務めました。立場上、園長が対話の輪の中に入ると職員の意見が萎縮してしまう懸念があったため、資料の作成、研修全体の組み立て、研修中の進行とタイムキーパーを務めました。もちろん、園長自身がグループワークに参加する場合もあります。ファシリテーターとして、保育者の「いま」の関係性や想い、状況を俯瞰的に捉え、どのようにアプローチしていくかを常に考えることを大切にしています。

　研修終了後、研修全体の振り返りや感想のアンケートを実施しました。新任、中堅、ベテラン、それぞれの立場からの感想を一部紹介します。

研修の感想（抜粋）

「子どもたちの様子を見て、野菜スタンプを楽しむ子が多いと感じた。0、1歳児はその楽しさを保育者と共有しようとし、2歳児以上は保育者だけでなく友だちとも楽しさを共有している所に成長が感じられた。それぞれのクラスに特色があって、見ごたえがあったと思うし、これからの保育を行ううえで参考になる部分が多かった」（1年目保育士）

「年齢ごとにできること、遊び方が異なることはわかっていたも

のの、動画で見ることにより、より明確にわかる部分もあった。また、他の先生方の保育の進め方や声掛けの方法を近くで見ることが難しかったため、ビデオを通して保育の進め方についても学びにつながった。動画を撮影することは普段の保育ではなかなか難しいが、子どもたちの姿を俯瞰的に見られ、また職員同士での話し合いで多面的に子どもの姿が捉えられる点は保育者としてのスキルアップにつながるため、今後も行っていけたら嬉しい」（5年目保育士）

「動画で客観的に子どもの様子を見ることで、普段気に留めていなかったことに気づけたり、他の先生の気づきを知ることができたり、さまざまな発見ができた。日常の保育の中でも、客観的に見ようとする意識をもってみようと思った。子どもの姿を見守るという点においても、自分だけでなく、現場にいる保育者が共通認識で関われるようにしていき、保育補助の先生方には別のアプローチで伝えられたらよいと思った」（7年目保育士）

## 5 今後に向けて

今回の取り組みから、保育の導入方法、多面的に子どもの姿を捉えるための対話の継続、保育補助職員への保育の共有方法など、多岐に渡り、次の課題が提示されました。これらのニーズを汲み取りながら、研修計画を立てていくことで、職員が主体的に学び合える関係性を構築できていくのだと思います。一度きりの園内研修ではなく、さらなる学びに展開していきたいです。

保護者への発信

園　名：社会福祉法人白菊会　かみこまつ保育園
所在地：東京都葛飾区
定　員：70名

# 「おはなしタイム」で保育について話し合う

話しやすい雰囲気で日々の保育を振り返る

**事例紹介**

参加・対話型の研修の基本は、対話が成立することです。この事例では、漠然と話し合いを始めるのではなく、話し合いの目的を共有し、テーマを決め、素材を準備することで活発な意見交換ができるように研修担当が準備をしています。また、対話が継続できるように前向きに負担感なく取り組めるように配慮をしています。

# 1 日常に振り返りを位置づけるために

　当園では、「子どもの主体性」について園内研究をしています。昨年6月の園内研究で外部講師を迎え、「保育について話し合う時間はつくっていくもの」というアドバイスをいただきました。

　そこで、「子どもの主体性が発揮されている姿」について話し合いましたが、テーマが大きく話が広がらず、全職員の意見を反映することも難しいと感じました。そのため、隔週で15分間、少人数で職員が保育に対する思いを言葉にする「おはなしタイム」を始めました。この名称は、話し合う時間を呼びやすく、負担感のない言葉にするため名付けました。内容は、各クラスの保育や子どもについての報告、日々の保育で困っていることとし、クラスや保育歴にかかわらず、話しやすい雰囲気で日々の保育を振り返る時間をつくっていくことを目的としています。

　正規職員・非正規職員関係なく、各クラスの参加できる職員を参加対象にし、「おはなしタイム」専用ノートに話した内容を残すことで、参加できなかった職員にも情報共有しています。参加人数は、各クラスから1名ほどなので、5〜7名の小グループで開催することができました。

**One Point Advice**

組織・チーム内で新しい取り組み（事例では「おはなしタイム」）を始める場合は、まずは目的の共有をすることと、取り組みの成果を確認する機会を設けることが大切です。

**Good Point**

参加できなかった職員にノートを使って情報共有（話し合いのプロセスを共有）することで、次の話し合いの時に、前回の内容を踏まえて議論の積み重ねができます。

神田保育園の園内の会議

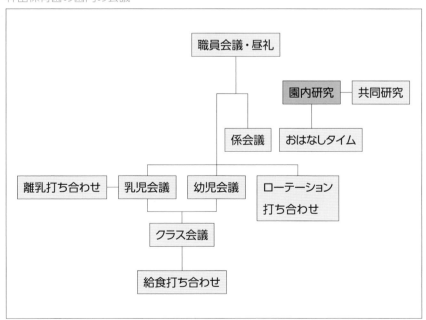

おはなしタイムノートの一部

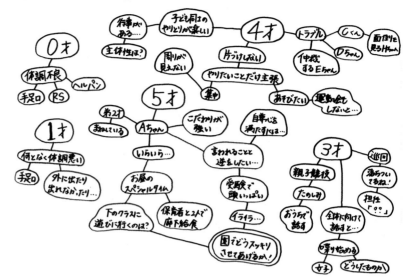

文字に残すことで子どもの姿を客観的に見ること、職員同士の会話を膨らませることができる

## ② 少人数で短時間の話し合い

　日々の保育について振り返ることが改善につながるとわかっていても、それが負担となっては職員の参加への意識向上につながらないため、タイマーで時間管理をし、短時間で話し合いをしています。

　また、話し合いのなかで全員が発言できるように、5〜7名の少人数で開催し、話しやすい雰囲気づくりを心掛けました。日々の保育をテーマに設定することで、職員にとって身近な事例から「子どもの主体性」を保障するための援助を考えました。話し合いを進めていくなかで、他クラスで連携できそうな支援方法が見つかったり、クラスの保育から園全体へと視点を広げたりすることもできました。

## ③ 雑談から対話へ

　園内研究を行ううえで、①職員が前向きに参加できる園内研究、②負担感が少なく参加できること、という2点を同僚や園長に相談しながら実施の仕方を検討しています。

　「子どもの主体性」についての職員の意識を確認するためにワークシートを作成し、可視化して各クラスの話し合いが円滑に進められるようにしま

した。「おはなしタイム」については、「園内研究のテーマが大きすぎるため、意見が出ない」ことを考慮し、「話しやすい風土をつくる」ため、少人数で行うことを職員全体へ提案しました。この際に、かしこまった場にならないよう、環境は、円卓を少人数で囲み、職員同士の「雑談」のような雰囲気になるようにしています。答えを求めるような話ではなく、リーダーからメンバーに対して情報共有や相談をして、後に話が続くように話し合いを進めています。

　外部講師を招いたときには、乳児会議および幼児会議の内容を記録し、共有したり、意図が正しく伝わるように3回に分けて「園内で共有したいこと」を伝える場を設けたりしました。

## 4 アンケートを用いた対話の活性化

　4〜6月はクラスとしての保育観、一人ひとりの保育観を確認するために、年間指導計画から「主体性」にかかわるねらいを抜粋し、クラスごとにねらいに対する「現在の子どもの姿」と「どのような保育を行っているか」について、アンケートをとり、クラスで話し合いました。

　その後、クラスで話し合ったことを踏まえ、「現在の子どもの姿」「ねらいに近づいた子どもの姿」「ねらいに近づくための保育者のかかわり」を一人ひとりの言葉で具体的に書き出し、一人ひとりがどのような保育を行っていきたいかクラス内で共有しました。

---

**令和4年度　園内研究「子どもの主体性を育む保育者のかかわり」アンケート**

第1回アンケート（　　　　　　　）組

①クラス内で、年間指導計画よりテーマ（「子どもの主体性」）に沿ったねらいを抜粋し記入してください。（複数可）

②①のねらいに対し、現在どのような保育を行っていますか。
1）子どもの姿

2）1に対する保育者のかかわり

上記内容をクラス内で話し合い、記入をお願いいたします。全クラス分をまとめたものを乳児会議・幼児会議前に配布し内容について検討する時間をとりたいと思っております。

---

園内研究第1回アンケートの用紙

**One Point Advice**

研修でも会議でも自己の意見に対する周囲の評価が気になり、過度な同調が起こりやすいですが、何気ない雑談から既存の枠にとらわれない新たなアイデアが出てくることがあります。

**Good Point**

アンケートで問いかけられることで、「子どもの主体性」という視点で保育を振り返ることができます。また、クラス内での対話を通して、チームによる保育の省察を促しています。

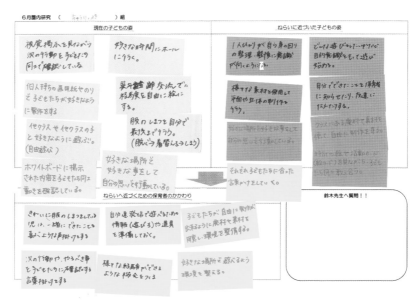

第1回アンケート　クラス話し合い用用紙

　8月以降は、毎月、場面やテーマを決めて事例を持ち寄り、他クラスと一緒に事例検討を行いながら主体性を育む保育者のかかわりついて話し合いをしました。7月、10月、12月には、外部講師に日常の保育を見てもらい、乳児会議・幼児会議では、各クラスのねらいに基づいた助言をいただきました。助言を元に園全体で検討したいことについて、10月から話し合いながら実際に動き出しています。

## 5 保育の質向上につなげるために

　外部講師のアドバイスをもとに、3回に分けて「園内で共有したいこと」を伝える場をつくり、「おはなしタイム」で改善策やアイデアを出し合い、職員会議で改めて提案をしました。

　今年度、開始した「おはなしタイム」を通して、職員一人ひとりの保育観や得意なこと（草木に詳しい、ピアノが得意等）を知ることができました。それにより、保育を進めやすくなったり、困ったときには職員の得意なことに合わせて職員に助言を求めることができるようになったりしました。また、「おはなしタイム」を重ねていくうちに、年齢・勤務形態にかかわらず話しやすい雰囲気、おはなしタイムで出たアイデアが正しい・正しくないではなく、保育者の引き出しを増やしていくという雰囲気で話せる

ようになっていきました。

　今後は、「園内で共有したいこと」のなかから「共有空間（園庭、廊下、各階のホール）の充実化」について話し合いを深め、環境の見直しや玩具の設定を検討していく予定です。

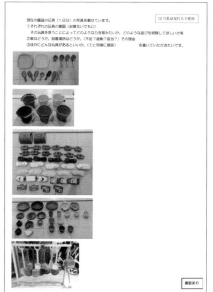

園内共用部の環境設定に関する検討用紙。職員で共有しながら話し合う

**Good Point**

園庭の環境を見直すために、まずは現時点でどのような環境があるのかを把握するために、写真に撮って一覧にしています。環境について議論をするための素材となります。

園　名：東京都千代田区立神田保育園
所在地：東京都千代田区
定　員：120名

# 参加者の「楽しい」を大切にする

二人組のうちの1人が目隠しをして園内を歩く研修。相手を信じる体験により絆が生まれる

### 事例紹介

園内研修を企画する際には、まずは研修のねらいを設定し、そのねらいを達成するための研修内容や方法を考えることが大切です。この事例では、園内研修におけるファシリテーションのポイントを押さえた研修を実施することで、職員が自ら学んでいこう、変わっていこうという意欲や姿勢を生み出しています。

## 1 有意義で楽しい研修の企画

　当園での園内研修は、担当のリーダー保育者がファシリテーターとして企画・運営しています。園内研修には全職員が参加する大きな規模のものから、数人で行う小さな規模のものまであり、規模も頻度もさまざまです。効果的な研修にするために気をつけていることやその企画をする際の流れは以下の通りです。

　まず、園内研修はしかめっ面で講義を聞くかたちではなく、話し合いやワークを取り入れながら、ともに働く保育者同士がつながりを感じ、やりたいことを膨らませて明日からの保育にワクワク取り組めるように意図しています。どのような雰囲気で研修を開催するか、それを実現するためのアイデアもたくさん考えます。例えば、話し合いのときはお菓子をつまみながら和気あいあいと話すほうが、難しい局面の話し合いでもよいアイデアや協力して頑張る気持ちが出てくる等です。園内研修は有意義で楽しいものというイメージをつくりたいと考えています。

**One Point Advice**

園内研修は常に全職員で行う必要はなく、目的（どのような変化を起こしたいのか）に応じて柔軟に規模や頻度などを変えていくことができます。

**Good Point**

多様な工夫をすることで、園内研修に対する職員の意識を変え、学びに対する前向きな姿勢を生み出そうとしています。

---

**①今日の研修の説明**
園長のあいさつ、ねらい、約束ごと、タイムスケジュールの説明を行います。

**②アイスブレイク**
若い保育者に、アイスブレイクの企画を依頼しています。いろいろ調べたり、他の保育者と相談して面白い企画を考えてくれることが多く、それを皆で楽しみ空気を温めます。

**③講義、ワークショップ**
ねらいに沿って、講義やワークショップ、シェアなどを行います。
できるだけ、自分に起こっていることのシェアや身体を使った体験が行えるプログラムにしています。

**④アンケート**
反省ではなく、次回に活かすために今回の研修をどう思ったかを書いてもらいます。記述式のほか、〇をつけるだけでもよいようにしています。想いを綴ってくれる保育者が多くいます。

---

## 2 誰もが発言しやすい風土づくり

**One Point Advice**

園の組織風土（職員間において何が大切にされているのか）は園内研修での職員の様子に表れます。また逆に、園内研修により、新たな組織風土づくりをすることもできます。

### 普段から心掛けていること

　当園では、保育歴や役職などの上下関係において失礼のない対応をすることより、それぞれが「人と人として」関係を築くことを大切にしています。人は皆、考え方や感じ方が違うこと、お互いに誤解をする場合もあるということを前提に、大切なことほど、直接話し合う習慣をつくり、誰もが発言しやすい風土づくりに努めています。

### 研修時に心掛けていること

#### ①お菓子・お弁当担当を決める

　食いしん坊の多い当園ならではかもしれません。その園のメンバーによってさまざまなリラックスの方法があると思います。園でお菓子を用意し、飲み物は熱いもの、冷たいもの、甘いものから甘くないものまで、各自が好きなものを持ち込んでもらいます。

目隠しをして相方の声の案内で保育室内を歩く保育者

#### ②アンケート作成

**One Point Advice**

主にアンケートはファシリテーターが研修の評価のために行うものですが、研修に参加した職員が研修内容を振り返り、自分で落とし所を見つけていく作業にもなります。

　研修内容によって、質問方法を変えます。意見の分かれそうなものについては、○をつける選択方式にして満足度を数値でわかりやすくしたり、気持ちを詳細に聞きたい場合には、自由記述欄をつくるなど、書きやすさに配慮して作成します。

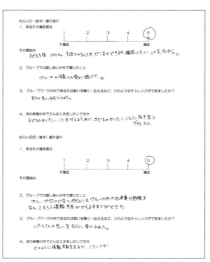

保育者が記入したアンケートの一部

#### ③会場準備は心の準備時間

　全体の人数や、普段かかわりの少ない人同士がスタートするまでに緊張がとけるように配慮します。場の雰囲気に慣れる時間や、アイスブレイクの内容、前日の会場の使用状況などに応じて、ゆっくり雑談ができるよう事前にセッティングするか、当日皆でワイワイ会場づくりをするかを考えます。少しでも居心地よく、

研修の時間を過ごしてもらえたらといいなと思っています。

園内研修において、日常では味わえない「ワクワク・ドキドキ」と、心穏やかに参加できる「安心・安全」の両方を大切にしています。

皆の表情が明るいかき氷を食べながらの研修風景

## 3 ねらいから研修をデザインする

　研修を担当する保育者が計画時に最初に行うのは、「今回の園内研修は、何のために行うのか？　何を得たいか？」とねらいを明確にすることです。例えば、「保育の環境設定を意識をしてほしい」というねらいの場合、実際に保育をしていくうえでどのような変化を望んでいるのかを検討します。「どういうことが起きているのか（または今後起こりそうだと心配しているのか）」「環境設定の何について困っているのだろう」とファシリテーターが他のリーダー等と相談しながら、ねらいを明確にします。一人だと視点が偏ってしまう可能性があるので、二人以上で検討し、決めていきます。

　そこで出てきた内容を言語化し、「最近、子どもが部屋で落ち着けないのは、コーナーに置く玩具をなんとなく選んでいるからだと思う。発達を意識し、今の子どもたちのやりたいことを反映した玩具を置いたコーナーをつくる意識をみんなにもってほしい」と具体的にまとまってきたら、どうすれば各保育者が自分事として捉え、各保育室のコーナーづくりに反映できるかを考え、具体的に考えるための方法を計画する作業に入っていきます。この「向かいたい場所（ねらい）」をどれくらいイメージができているかによって、その後の作業のスムーズさが変わってくるため、想いを明確

ファシリテーター一人が思い込みで研修のねらいを設定しないように、他のリーダー等と相談しながら、職員のニーズや保育の課題を正確に把握しようとしています。

研修のねらいを具体的な言葉にして、共通認識を図ることが大切です。そして、ねらいを達成するために一番適切な研修の内容や方法について議論していきます。

研修企画時にじっくりと話し合いお互いのイメージをすり合わせる

化することに一番時間をかけます。

　「皆が気持ちよく仕事ができるようなかかわりを考える」といったねらいの場合、「気持ちよく」についてのすり合わせがないと、違うイメージをもった者同士が話を進めていくことになり、ワークの内容にブレが出てくるためです。

　ねらいを定めたら、ワークの内容を検討していきます。体験するようなワークにするのか、話し合いにするのか、ゲームのようなものから気づきを得るのか等のアイデアを出し合いながら検討します。どのような研修をすれば、すぐに何を変更したくなるか、ワクワクしながら考えられるかという視点で決めていきます。どのようなワークがしたいのかが決まったら、何人で、誰を同じグループにしてワークをするか考えます。

　また、アイスブレイクやお菓子係についても、持ち回りというよりも、そのときに誰に参加してもらうとよいのかを考え選んでいきます。また、参加者から託児の希望がないかどうか、お弁当を手配するかについても確認し、参加しやすくする工夫なども行っています。

## ４ 研修の事前準備が大事

　ファシリテーションは、当日だけでなく、その前からスタートしていると考えています。例えば、

**Good Point**

外側から無理に力を加えて、職員を思い通りにコントロールしようとするのではなく、研修を通して、自ら変わっていこうとする力を引き出そうとしています。

・実際にどのようなことをしたら体感できるか

・どのようなグループで考えるか

・タイムスケジュールがどうなっているか

・実際にコーナーを見ながらやるのか、机上でやるのか

など、事前の計画が、その研修が実際に保育に反映されるかを左右する一因になると考えています。

　また、子育て中の保育者も多いので、研修の時間を明確にしてその時間に終わるようにします。ときどき白熱しすぎて少し延長することもありますが、拘束時間にならないようにします。タイムスケジュールは詳細に立て、その時間内でスムーズに運営するために、タイムキーパーや、発表者を決める時間をとるなどの工夫も、当日の流れをロールプレイしながら考えます。

**One Point Advice**

学習方法と平均学習定着率の関係を表したアメリカ国立訓練研究所の研究では、グループ討議や体験学習、他者に説明するなどのアクティブラーニングのほうが学びが定着しやすいと考えられています。効果的な研修にするためには、事前計画において、どのような方法で行うかを検討することが重要です。

## 5 分散型・協働的リーダーシップを目指して

　現在はリーダーを決めて園内研修を企画していますが、自分たちが形にしたいことや気になることを見つけたときに適切な方法や人数で集まって、それを実現させる方法を見つけ出して進んでいくような、分散型・協働的リーダーシップを発揮できる保育者集団になれたらと考えています。

　楽しみながら学べる研修や勉強会にすることで、全員が心地よく自発的に参加し、皆が保育をつくっていく一員であるという自己効力感を感じられるようになってきていると思います。また、そのことで、子どもたちの自発性や心地よさを大切にした対応をすることを心掛けるようになり、子どもたちがより自分たちで生活を企画したり、つくっていくことができるようになってきたのではないかと感じています。今後も子どもともに大人もさらに前進していけたらと考えています。

**用 語 解 説**

**分散型・協働的リーダーシップ**

分散型・協働的リーダーシップとは、園長や主任、ミドルリーダーだけではなく、すべての職員がリーダーシップを発揮することのできる組織・チームです。

園　名：社会福祉法人ほうりん福祉会
　　　　幼保連携型認定こども園寺子屋大の木
所在地：愛知県名古屋市
定　員：105名

# 自園の特長や素晴らしいところを自分たちの言葉で語る

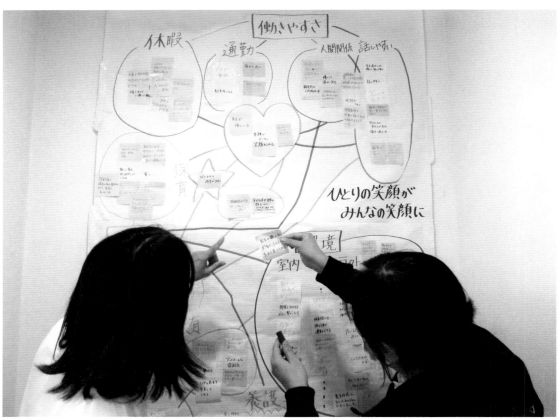

付箋を使って「園の自慢できるところ」を出し合う

事例紹介

保育の質向上は、保育の自己評価（保育の振り返り）から始まります。しかし、自分たちの保育の課題や組織の問題ばかりに目を向けてばかりいると、自信を失ってしまいます。この事例では、まずは自分たちの「強み」や「特長」、「価値」などに着目し、それを伸ばしていくことで、職員が自信をもち、前向きに保育の質向上に取り組むことができています。

# 1 「見える化」が対話を生む

　当園では、保育理念・食育理念に基づき、職員全員が同じ想いで保育に取り組んでいます。これまで、「環境構成」「ドキュメンテーションのつくり方（どのような視点でつくると主体性を見出せるのか）」「園内行事のねらいについて共通理解する」など、園内での気づきや課題、子どもたちの成長に合わせたテーマを挙げ、月数回、園長が中心となって園内研修を行ってきました。

　新年度が始まり2か月が経ち、新しい職員も園の環境に慣れてきた時期に、職員のモチベーションが高まり、ポジティブな思考がもてるよう、「園の自慢できるところ」をテーマに、「自園の特長や素晴らしいと感じているところ」をアウトプットし、職員の一体感を深めることを目的とした園内研修を実施しました。この研修にあっては、施設長研修で学ぶ機会のあったファシリテーションを活かしました。

　研修は、午睡の時間に合わせて、13時から14時の1時間で行っています。保育士のほか、看護師も参加します。なお、職員には話し合うテーマを事前に伝えておき、当日は自分の意見を想い想いに付箋に書き出してもらいます。そして、いくつか書いた自分の付箋のなかから1つをピックアップし、関連するエピソードや想いとともに、一人ずつ発表します。参加者は他の人の発表と似ていることや思い出したエピソードがあれば、新しい付箋に書いていきます。最後にそれぞれが書いた付箋をすべて模造紙に貼り付けて、職員の想いを「見える化」しました。

　その結果、各自が考えた項目ごとのつながりや共通点を発見することができ、職員同士で「これって、つまりこういうことじゃないかな？」「私たちの園はこんなキャッチフレーズになるね」などと、対話の発展がみられ、活発な意見交換につながっていきました。

　この園内研修を通して、職員が前向

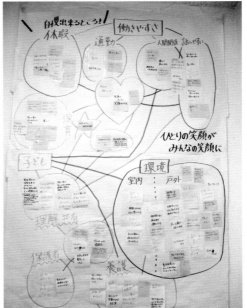
付箋を模造紙に貼って共通点やつながりを整理する

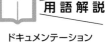

## 用語解説

**ドキュメンテーション**

もともとイタリアのレッジョ・エミリア市で生み出された記録様式で、単なる発信物ではなく、「学びのプロセスを可視化する対話のツール」です。

保育の質向上は、自分たちの課題や問題の改善から始めることもできますが、まずは自分たちの「強み」や「特長」を再認識することが、職員の前向きに取り組む姿勢につながります。

## One Point Advice

付箋の特徴は、貼り直しができることと、新たな意見やアイデアが出たら付け加えることができることです。付箋にはマジックで書き込むと、遠くからでも内容が確認できます。

**Good Point**

園内研修の目的に、保育の質
向上に直接つながる内容だけで
はなく、職員の関係性という間
接的に保育の質に影響を与え
る内容も入れています。

きに自ら考えアウトプットする主体的な様子がみられました。また、活発
な対話により職員がお互いの価値観を共有することで、園内研修の目的で
ある「職員の一体感を高めること」が達成された有意義な研修となりました。

## 2 職員の想いが集約された研修

　当園の過去の園内研修は、一つのテーマを全員で話し合う機会が少なく、
マニュアルの周知や資料を確認するなど、情報共有を行うことが多く、積
極的な意見交換がされにくく、参加者の期待値が低いものでした。

　保育者は日々忙しく、全員がまとまって意見交換する場を設けることが
できない状況があります。また、研修を行うことについて、その時間があ
れば連絡帳の記入や事務作業等ができることから、参加に対して消極的な
姿勢もみられました。そのため、今回、園内研修のテーマを検討する際は、
「職員がプラス思考になること」「皆の意識がポジティブになること」「研修
後に参加してよかったと思ってもらえること」を特に意識しました。

　また、研修当日までに園長から職員にテーマを伝え、あらかじめ考えを
まとめたうえで参加してもらうようにしました。午睡の見守りや勤務時間
の関係により当日参加できない職員には、事前に研修内容や進め方を説明
し、付箋に意見などを書いてもらい、研修当日は全職員の付箋が集まり、
発表される形になるようにしました。

　当日は、研修開始時に、「答えが正しい、間違っていることより、皆が想
い、気づくことが大切。否定はしないから自由に意見を出し合おう！」と
伝えました。

　他の参加者の意見を聞いて思いつくことや気づきを得ることもあるので、
①自分で考えてみる、②他者の発表を聞く、③さらに気づいたことを書き
出すという流れを設け、考える時間を2回設け、自分の想いや意見をアウ
トプットしやすいように進行しました。

　研修後、職員の想いや考えを書いた付箋を貼りまとめた模造紙を園の入
り口に貼りました。そこでは、さらに保護者の方々からも「園の自慢でき
るところ」を付箋に記入してもらうことができ、「職員の情報共有がされて
いる」「子どもを尊重してくれる」「保護者のことも気にかけてくれる」と
いった内容から、私たちも気づきを得ることができました。職員の取り組
みにとどまらず、保護者と共有することや、自園のキーワードを「ひとり

**Good Point**

当日参加できない職員の意見
も、事前に付箋などに書いても
らうことで、全職員の考えや思
いが反映された成果物(この事
例の場合は模造紙)を作成する
ことができています。

保護者にも「園の自慢できるところ」を付箋に記入してもらえるよう依頼した

の笑顔がみんなの笑顔に」と決めることまで発展できたので、参加職員の想いが集約できる効果的な研修を開催できたと考えています。

## ③ ファシリテーターによる対話の促進

　模造紙に付箋をまとめていく場面や、項目間のつながりや共通点を自由に発言する場面では、発言の少ない職員に対してファシリテーターが「この付箋はここかな？」などと問いかけることで発言を促し、発言が多い職員中心に話が進まないように配慮しました。また、職員間で理解を深めながら話し合いを進め職員自ら答えを導き出せるよう会話を促しました。すると、自然に参加者同士に会話が生まれ、最終的には新入職員がペンを持って模造紙にグループ分けを記入し、まとめ上げてくれました。

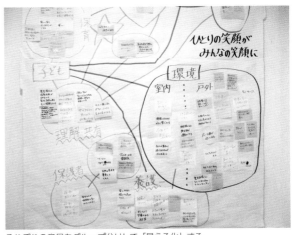

それぞれの意見をグループ分けして「見える化」する

　また、キャリアに関係なく話し合いができるよう、さまざまな視点から園の自慢できる部分を話し、フラットな状態のなかで楽しく意見交換ができる環境づくりやファシリテーションを心掛けました。

　この研修では、「正解探し」ではなく、「私の想い」を書き出すこと、語ることが大切であると念頭におき、職員が「正解を書かなければ」「話さなければ」というプレッシャーを感じずリラックスして、さまざまな意見交換ができる場になるように意識しました。そのような雰囲気のなかで、自分の気づきを付箋にアウトプットし、そこから一つを選択してエピソード

**One Point Advice**

ファシリテーターは話し合いの様子を観察しながら適度に支援や介入を行います。ただし、ファシリテーターに依存しないように、メンバーを信頼し過度な介入は行わないように気をつけることも大切です。

**One Point Advice**

これから参加・対話型の園内研
修を導入する場合は、この事例
のように、まずは対話の意義や
方法について体験を通して学ぶ
ことが大切です。

とともに想いを発表して参加者と共有する、それに対して、自分と他の職
員との関連性を紐づけてみることで、対話が活発になり、自ずと発展的な
プロセスが生まれました。また、一緒に働いている職員の考えを知ること
で同僚性が生まれ、職員がそれぞれの想いに共感し、コミュニケーション
が促され結果、保育者一人ひとりが主役の園内研修になりました。

　時間配分が予定通りにいかない場面もありましたが、話し合いのプロセ
スや内容が途切れないように心掛け、時間を再配分するなどして進行しま
した。

　なお、研修は保育室を利用して行っていますが、付箋に記入する「口の
字型」の机から少し離れた壁に模造紙を貼ることで、立ったり座ったりす
る動きが生まれ、壁までの動線ができたことで職員同士が席に固定されず、
お互いに話しやすい雰囲気ができたと思います。

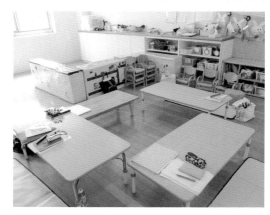

模造紙を席から少し離れたところに貼ることで動線が生まれる

## 4 保育の質向上につながる職員の前向きな姿勢

　今回の園内研修では、職員全員が多くの気づきを得ることができました。
テーマが肯定的な内容だったため取り組みやすく、職員も楽しんで参加し
てくれていたと思います。研修後は、「楽しかった」という声や、入職して
日が浅い職員から、「改めてここで働けてよかったと再確認した」など、ポ
ジティブな発言が聞かれました。

　この研修で作成した模造紙は、職員の発案により保護者にも公開、共有
しています。現在では、保護者からのご意見もその模造紙に反映しており、
保護者との園のよさを共通認識する場ともなっています。また、見学に来
られた方たちや新年度入園の保護者や採用面接に来られた方たちに、職員

自ら「ぜひこれを見ていってください！」と、自園に愛着をもってアピールするツールにもなっています。

　このように、職員たちが感じている自園のよさの視点を知ることができたことで、自園のよさを守っていくとともに、さらに職員共通のよさに磨きをかけ、働きやすい職場づくりをしていきたいと思うことができました。

　年間の取り組みのなかで、さまざまな出来事を肯定的に捉え、前向きな風土が根付いたのは、このファシリテーションの方法を取り入れた研修の成果だと感じています。また、職員間で前向きな風土があることで、保育をするなかで協力的な雰囲気が生まれたり、子どもたちのことも肯定的に捉えていく保育につながり、それがさらに自園のよさとなり好循環しているように思います。

　この経験を活かし、今後も安心して職員間の意見交換ができる風土を大切に、日々の保育活動に活かしていきたいと思っています。

　子どもたちを取り巻く環境は日々変化しつづけています。私たち保育者もその変化に対応していかなければならないと思っています。そのためにも、今後も園内保育でさまざまな課題やテーマに取り組んでいきたいです。

　次回の園内研修は、「保育」をテーマにして、職員間で対話の時間を設ける予定です。職員の心の中にある保育観や、日々つながりのある保育を具体化し、「見える化」することで子どもたち一人ひとりに向き合う保育を目指します。

**Good Point**

園内研修で作成した模造紙の内容を保護者と共有することで、対話のきっかけづくりにもなっています。協働・連携して保育の質向上に取り組む関係性が生まれています。

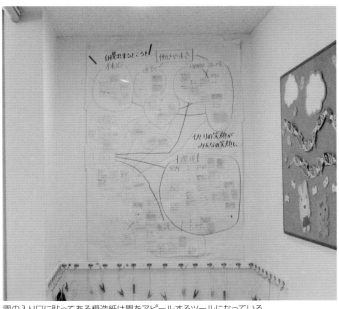
園の入り口に貼ってある模造紙は園をアピールするツールになっている

**One Point Advice**

職員間に肯定的な関係性が構築できてくると、子どもに対して職員が肯定的なまなざしを向けるようになります。

園　　名：株式会社パソナフォスター運営保育施設
所在地：神奈川県厚木市
定　　員：30名

―――――――――――――――――― 4章　参考文献 ――――――――――――――――――

・イラム・シラージ・エレーヌ・ハレット著，秋田喜代美監訳，鈴木正敏ほか訳『育み支え合う保育リー
　ダーシップ』明石書店、2017年

# 5章

事例で学ぶ
効果的な
職員・クラス会議

## 心理的安全性、価値観の相互理解に向けた
## 参加・対話型の会議

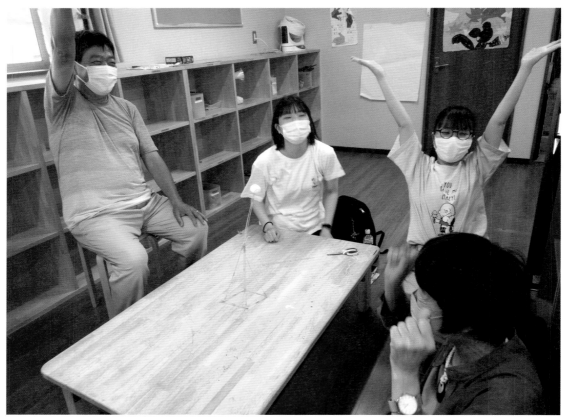

マシュマロチャレンジからチームで協力すること、試行錯誤しながらつくり上げること、失敗も新たな一歩であることを学ぶ

### 事例紹介

保育現場における効果的な会議とは、結論を短時間で出す会議ではなく、参加する職員に納得感と共感が生まれるまでじっくりと話し合うことができる会議だということが理解できる事例です。一見、遠回りのように見える取り組みですが、日常において自然と相互尊重の対話が生まれるチームづくりにつながっています。

## 1 お互いの気持ちを尊重する場づくり

当施設では、主に正規職員が中心となり、職員会議やミーティングの方法を模索してきました。以前は、全体で話し合うことが多く、なかなか意見が出ず、司会者が順番に聞いていくような会議でした。そのため、時間がなくなり、後から発言する職員は「私も同じです」と他者の意見に賛同し、自分の意見を言えないまま進行することが多くありました。

3年前に筆者が施設長となり、会議を有意義な時間にしたい、職員一人ひとりが、安心できる雰囲気のなかで想いを伝え合える場にしたいと考えていたとき、前年に受けた保育ファシリテーター養成講座を学び直し、参加・対話型の会議に変えていきました。翌年からは、保育のファシリテーションの研修を受けた職員が中心となり、職員会議やミーティングの企画を行っています。

施設長は、その企画を尊重しながら、ともに考え、話し合って調整します。中堅・リーダー層は、会議に参加する職員一人ひとりの様子を観察しながら、「お互いの気持ちを尊重する場づくり」を心掛け、終了後、振り返りを行い、試行錯誤しながら次の会議の企画や事前準備、司会進行に活かしています。参加・対話型の会議に変えたことにより、「私はこう思う」「こういう方法はどうか」など、小人数のグループで話し合うときに職員一人ひとりが発言するようになってきました。全職員が「話を聴いてもらえて嬉しかった」「話しやすい雰囲気があり、自分の意見が言えてよかった」と、対話をしてよかったと思える経験を積み重ねています。会議後、自然と話し合いの輪ができることがあり、そのときに、新たなアイデアが生まれることもあります。それぞれの気づきへとつながるこの時間は、大切なひとときです。

## 2 関係の質を高める4つの取り組み

保育の質の向上のためには、心理的安全性があってはじめて、保育を語り合うことができると思い、関係の質を高める取り組みから始めました。しかし、コロナ禍になり、コミュニケーションをとる機会が減り、お互いを知るための会話が少なかったため、関係づくりのために、4つのことを行いました。

**用語解説**

**マシュマロチャレンジ**
パスタ、ひも、テープを使ってチームで協力し、自立したタワーを立て、その頂点にマシュマロを設置するグループワーク。

**One Point Advice**

ファシリテーターが複数名いることで、お互いの苦手な部分を補い合うことができ、バランスのよいファシリテーションを実践しやすくなります。

**Good Point**

自分の話を他者に聴いてもらい尊重された心地よい経験は、自分が聴き手になったときに、相手の話を傾聴しようとする姿勢につながります。

**用語解説**

**心理的安全性**
自分の考えを率直に伝えても、他のメンバーから攻撃されたり、非難されたりすることがないと確信している状態です。

「自分ポスター」を作成。弱い部分をさらけ出すことで「助けてほしい」と言いやすくなる

Good Point

ユニークなワークを通して、自然と自己開示できるように工夫されています。お互いの「その人らしさ」が見えてくることで、親近感がわき、心理的安全性につながります。

One Point Advice

保育観を語り合うことで、保育者の言動の背景が理解できるようになります。まずは「価値観は多様である」という事実を、体験を通して理解することが大切です。

**価値観ワーク・シート**

【記入手順】 1. 仕事で大切にしているものの5つを大切な順に並べる
2. 上記1の「一番大切にしているもの」から順に、理由や背景を聴くことで、話し手が重要視していることの理解を深める

| | 仕事をする上で大切にしていること | 理由や背景（なぜ、それを大切にしているのか？） |
|---|---|---|
| 1 | | |
| 2 | | |
| 3 | | |
| 4 | | |
| 5 | | |

価値観ワークでお互いを尊重し合う

1つ目は、職員全員が「自分ポスター」を作成しました。自分を表すキーワードを3つ以上書き、そのうちの1つは弱みも書きます。弱みを書くことにより自分の弱い部分をさらけ出す自己開示を行います。それにより、相手を知るきっかけとなり、職員同士が関心をもつようになりました。

2つ目は、階層別OJT研修を行いました。初任・新任の職員に対して、リーダー・中堅層が1対1で育成することにより、必然的に会話をする機会が増え、双方向のコミュニケーションがとりやすくなりました。OJT計画書では、現状の能力や目指す姿を共有し、ゴールまでの進捗状況を確認する際に、相手の話を傾聴し、成長を実感する機会につなげたり、何気なく交わされる雑談も交えながら、対象者の心理的な負荷を取り除く関係性をつくっていきました。

3つ目は、「価値観ワーク」です。保育者の言動には、価値観や保育観が影響を及ぼしています。これは、今までの人生経験や保育経験によってつくられるものであり、職員一人ひとりの今後のさまざまな経験によっても変化していくと思います。自分と相手の価値観の違いを知り、なぜその価値観を大切にしているのか、理由や背景を双方向で聞くことで、その人の言動や行動と結びつき、人となりを知ることができます。目に見えなかった思いを知り、お互いの価値観を尊重し合うことが、相互理解の第一歩になります。

4つ目は、職員全員でゲームや各学童保育クラブのチーム目標を可視化し、表現する体験をしました。協力して1つのものをつくり上げる達成感や失敗しても批評されない体験から、目的を達成するには、対話が必要であることを感じ取りました。職員からは「楽しかった」という感想が多くありました。「楽しい」と感じる体験は、記憶に残り、このチームでまた「やりたい」

という気持ちに結びつきます。会議のときだけ心理的安全性を求めるのではなく、このような日々の小さな積み重ねがチームの人間関係へとつながると思います。

## 3 リーダーは完璧でなくてもよい

リーダーが進行役として会議に参加することを意識し始めた頃、「ファシリテーターは難しい」「ファシリテーターは自分で大丈夫なのだろうか」とリーダーは不安を感じていました。以前は、会議を行う際、時間内で課題解決をしようと、リーダーや施設長がまとめる形で終了することがありましたが、ファシリテーションの考え方と出会い、「組織の課題を解決するアイデアはすべての職員がもっている」という話から、会議をまとめて終了することにより、職員の気づきや自ら解決する機会を奪っていると感じました。

そこから、会議の中で結論を出すことや発言が正解か不正解かよりも、参加する職員の心のもちようを大切にするようになりました。また、「自分ポスター」でリーダーが弱みを開示したことにより、「一人ではできないので助けてほしい」と言いやすくなり、お互いを支え合うなかで、リーダーがチームメンバー同士の気持ちのつながりを感じるようになりました。

## 4 ファシリテーションの手法の活用

保育ファシリテーションによる会議を通して、チーム力向上のために、対話を重ねてきました。リーダー・中堅層が中心となり、事前にテーマを決定し、会議のねらいや目指す姿などを共有します。会議当日は、最初に身体を動かしたり、簡単なゲーム（アイスブレイク）をして心をほぐします。話し合うグループメンバーは、テーマによって変えます。チームで深く話し合いたい内容のときは、業務内容が似ている職員同士にしますが、日頃、あまりかかわりがない職員同士で話し合うときもあります。

一人ひとりの意見を共有するため、個人、小グループ、全体の3ステップを踏みます。まず、それぞれが付箋に意見を記入し、その意見を伝えながら模造紙に貼ります。それにより、他人の意見に左右されることなく自分の考えを生み出せますし、思っていたのに伝えられなかったということ

**One Point Advice**

会議の進行役は、話し合いの成果を出すことに責任を感じるものです。しかし、急いで出した結論では、納得感や共感が生まれません。メンバーに助けてもらいながら進めましょう。

**用語解説**

**3ステップ**

まずは①個人で考える時間を確保してから、②小グループで考えたことを共有し、最後に③小グループで話し合った内容を全体で共有するという3つのステップです。

が避けられます。また、少数派の意見や思いもつかないような意見をもれなく見ることができます。

　経験や実践によって身につけてきた感覚やコツを「なんとなく」ではなく、意味づける「言葉」を探し、言語化することにより、職員間で共有することができます。その後、意見をグルーピングし、タイトルをつけ、最後に、各グループで出た内容を全体で共有します。

　ファシリテーターが中心となり、さまざまなフレームワーク（型）を活用し、その内容を「見える化」します。保育の振り返りをするときは、課題ばかりに目がつきがちですが、KPT法を活用し、できたことにも焦点を当てることにより、職員のモチベーションも上がります。課題点については、次へのステップの改善策を探り、職員一人ひとりが意見を出し合います。できたこと、課題点等、付箋の色も変え、見やすくします。また、改善策が何処に記入されているのかわかりやすくするために、ナンバリングします。

　さらにウェブマップを作成し、目指すチーム像をつくり上げていくプロセスでは、マップに落とされる言葉が派生していき、イメージしやすい成果物となりました。フレームワークの活用により、全員が議論の過程を視覚的に捉え、話の流れを整理することにつながりました。

**KPT法**

振り返りに用いるフレームワークで、うまくいったことをK（Keep：保持）、うまく行かなかったことをP（Problem：課題）、新たにチャレンジすることをT（Try：挑戦）に分けて整理します。

**ウェブマップ**

言葉（概念）ごとのつながりをウェブ（クモの巣）状で描写した図です。イメージを見える化したり、関係性を表現したり、新たなアイデアを得るために用いられる手法です。

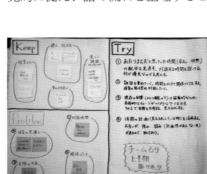

KPT法を活用し、できたことにも焦点を当てる

ウェブマップを作成して目指すチーム像をつくり上げていく

似ている内容をグルーピングする

参加・対話型の会議に変えたことにより、個人の意見が尊重されるようになり、多様な意見が出て、視野が広がり、一人では思いつかなかったアイデアが生まれ、課題解決に結びついた経験から、職員の「もっとみんなで話したい」「聴きたい」という気持ちが強くなりました。時間を見つけて、子どもの姿や些細なことも話すようになり、保育の質が高まったと感じます。また、会議で大きく意見が違っても、傾聴して、「自分と相手は考え方が違う。だからこそ理解し、みんなで考えていこう」と話し合う関係性や相互尊重の雰囲気がつくられました。

子ども達へのかかわり方にも少しずつ変化があり、何か起きたときもファシリテーターとしての心もちで、子どもの声に耳を傾け、子ども自身がどうしたいのかを聴くようになりました。

**One Point Advice**

違いを認め、傾聴することの必要性を実感できることが大切です。研修や会議で実感したことが、日常で積極的に傾聴をしようとする意欲や姿勢につながります。

## 5 主体的に保育を語り合える風土を目指して

リーダー・中堅層がまとまり、職員同士の関係づくりを積み重ねた結果、職員一人ひとりが少しずつ自発的に意見を言い、聴き合えるようになってきました。しかし、この3年間、職員の入れ替わりがあり、チームづくり、関係づくりは発展途上です。今後は、職員全員が立場や経験年数に関係なく、さまざまなテーマを提案し、主体的に保育を語り合える風土づくりをしていく予定です。また、職員一人ひとりがチームのために何ができるのかを考え、チームの一員として仕事をしているという意識を高めていきたいです。多様な価値観を尊重し、価値観の違いを面白がり、わいわいがやがやしながら、私たちの保育をつくりあげ、学びの質も高めたいと思います。

実践を通して、保育者の子どもたちへのかかわり方が少しずつ変わってきました。ファシリテーションを活かし、ゆくゆくは子どもたち主体で対話する場づくりにつなげていこうとしています。

園　名：社会福祉法人清遊の家　西新小岩あや学童保育クラブ
所在地：東京都葛飾区
定　員：109名

## 子どもの姿を語り合う全員参加型会議

クラス会議をノンコンタクトタイムに行っている

### 事例紹介

園内研修や会議は、長年同じやり方が踏襲されている保育現場も多いのではないでしょうか。しかし、目的を達成するための最適なやり方について検討する機会をもつことが大切です。職員と課題を共有し一緒に模索するプロセスそのものが、協働することのできる組織・チームづくりにつながった事例です。

# 1 自立的な組織に変わるしくみ

　週に1回、各クラスの午睡時間等を利用して、13時～14時にクラス会議を開催しています。ノンコンタクトタイムを保障するために、他クラスの保育者による午睡サポート、休憩時間、午睡をしない年長児の保育など、必ずクラス会議が行えるように園全体で体制を組んでいます。この方法に変える前のクラス会議での議題の中心は、①翌週の活動を決める、②困っていると感じる事象の報告、③家庭状況の共有、④行事の打ち合わせや役割分担を割り振るなどでした。保育リーダー中心で話し合っていたため、若手保育者が発言しなくてもよい雰囲気となり、リーダーの発言がそのまま決定事項となっていました。また、保育計画の作成や振り返りの検討は行われず、課題はあっても、検討したり、深めたりすることは難しく、効果的な会議ではありませんでした。

　管理職が願う保育者像は、一人ひとりが主体的に物事にかかわり、考え、興味をもって自ら学ぼうとする保育者です。自分たちのクラスのことは自分たちで考え、検討し、決めていけるような保育者集団として、子どもを通して保育の面白さを分かちあえる仲間になってほしいと願っていました。そのような集団をつくるためには、しくみづくりが必要だと考えました。外部の管理職研修や他園の事例を参考にしているうちに、集団づくりにはミドルリーダー育成が不可欠であると気づきました。そこでまずはミドルリーダーの育成から始めてみようと思いました。

　まず、ミドルリーダーの個人のスキルアップとして保育計画の作成の見直しから実行してみました。月案を元に週案、日案を作成し、計画に沿って保育を行っていた従来のやり方に疑問を持ち始めました。計画のなかに子どもの実態に合わないものがあったとしても変更せず行っていることに気づいたのです。

　そこで「子ども主体の計画なのか？」という疑問がわいてくるようになりました。見直し後の計画は、子どもの事実を解釈し、解釈からねらいを立てる計画、子どもの姿から振り返りねらいを再構成することができるようになってきました。月案はトピックウェブ方式にし、保育者同士でエピソードを出し合い、子どもの遊びの様子から広げていく計画づくりに変わり、対話（語り合い）の場面が増え、話し合うことを面白がるようになってきました。

**ノンコンタクトタイム**

休憩時間とは別に、勤務時間内に子どもと接する時間と場から離れて、計画や記録などの書類作成や、保育の振り返りの対話を行う時間のことです。

保育現場の会議では、主に情報共有のみ行われていることが多いようです。会議の前後でどのような変化を生み出したいのか、という会議の目的を整理してみてもよいでしょう。

保育の振り返りとともに、書類作成や情報共有の仕方など保育を支える仕事のあり方（目的、手順、方法、役割分担など）を振り返ることで、改善すべき点が見えてきます。

**トピックウェブ**

主な事柄であるトピックだけを取り上げ、そのトピックごとのつながりをウェブ状で描写した図です。

この変化によりクラス会議は、エピソード、環境、子どもの姿を中心に語り合う、保育者全員の意見が反映される会議になってきました。そこで、効果的な会議を実行するうえでリーダー保育者のファシリテート力が効果を左右することに気づきました。ファシリテート力の向上のためにリーダー保育者であるミドルリーダーは園外研修、園内研修でファシリテーターとしての役割のスキルを上げていきました。そして、研修で学んだことを実行する場としてクラス会議でのファシリテーターになりました。リーダー保育者は参加者の意見を聴き、クラス全体で共有していけるようにするために、付箋ワークの手法を取り入れてみました。

リーダー保育者は会議の数日前に議題を出しクラス担任に周知しておきます。参加者は会議前に付箋に自分の意見を書き、持ち寄ります。会議では模造紙に持ち寄った付箋を貼っていきます。リーダー保育者は貼られた付箋をカテゴリー（同じ意見）ごとにまとめていきます。付箋に自分の意見を書くことで若手保育者やパート保育者の意見もベテラン保育者の意見と並び、一つの意見として尊重されるようになりました。出された意見をもとに、個々の子どもの発達を考えたり、環境や保育内容、子どもの姿から遊びを考察する習慣がついていきました。同時に議題や課題を整理し、進行するファシリテートする力もついてきました。ミドルリーダーにとっては、より効果的な会議を開催することで、クラスマネジメントするための技術の獲得が目に見える形でのスキルアップにもなっています。

## 2 率直に意見交換できる関係づくり

保育者同士の上下関係がそのまま意見の上下関係にならないよう、自由に意見が言い合える関係をつくるために、いくつかの工夫を行っています。その1つは会議では子どもを主語にして語り合うことです。たとえば、乳児が絵本棚に登る場面を見たとき、保育者には子どもを制するのか、見守るのか、という悩みが出てきます。この事例の場合、議題にする論点は、「その子はなぜ登りたがるのか」に焦点を当てて話し合います。例えば、以下の点です。

①他にも登っている子はいるのか、②登りたがる月齢は？、③絵本棚のどの場所から登っているのか？、④どうやって降りているのか、⑤登って遊んでいる時間と場面は？、⑥他の場所でも登る行動がみられるか、⑦子

Good Point

会議前に付箋に自分の意見を書いて持ち寄ることで、時間の節約になります。また、付箋に書くことで、内省が促され自分の思いや考え方が自覚化・明確化されます。

ども同士の関係は？（誰と誰が一緒に遊んでいるのか）、⑧子ども同士の会話やコミュニケーションは？、⑨子どもの視線は？

　「登る」という行為に対しての子どもの情動、興味や関心、運動能力、意欲などをさまざまな視点からできるだけ多く出し合っていきます。絵本棚に登る行為を悪い行為、迷惑な行為としてとらえてしまうと、「どのように注意しよう」「どのように静止しよう」といったことが話し合いの中心になってしまいます。

　この行為をきっかけに子どもの発達や興味、関心、チャレンジ精神、意欲、子ども同士の関係性などの事実を集めることで「子どもを知りたい」という保育者が共通してもっている気持ちが話題となり、面白がって話し合い、育ちを解釈するようになってきます。

　この会議の方法を取り入れることは、保育者同士の探求心を促し、新たな発見や問いにつながっていくようになりました。また、役職等の上下関係や経験による発言の力の差が生じにくい方法でもあります。

なぜ絵本棚に登りたがるのかに焦点を当てて話し合う

**One Point Advice**

子どもの困った行動にどのように対処すればよいかを議論するのではなく、多面的に子どもを理解しようとすることを対話の出発点とすることで、子どもの見方が変わります。

　このような話し合いを会議で発生させるには、日常の保育での工夫も必要です。チーム内での役割（リーダー、サブリーダー、フォロー）をあえて明確にせず、子どもの動きに合わせて流動的に保育を行うようにしています。子どもの流動的な動きを把握するためには、経験のある先輩保育者が全体を俯瞰して見る必要があり、先輩保育者は主観を入れず事実だけを把握し、若手保育者に伝えていきます。若手保育者は、自分が見た子どもの姿や様子、先輩保育者から伝えられる事実から自分なりに解釈し、「子どもに合わせた保育」を実践していきます。このような先輩保育者の指導のもと、若手保育者は子どもを理解しようとし、子ども理解とは何かを体得していきます。その過程に不可欠なものは信頼に基づいたコミュニケーションです。先輩保育者は若手保育者のやりたい、やってみたいという気持ちを第一にし、「失敗してもいいからやっていいよ」と、全面的に許容し見守ります。

　若手保育者は、失敗を恐れず挑戦しポジティブに自己評価をしていきます。相手を知り、合わせることのできるコミュニケーションの能力と、な

**用語解説**

**主観と客観**

主観的に子どもを理解する「虫の目」、客観的に捉える「鳥の目」をバランスよく、ときには臨機応変に視点を変えることができます。

**Good Point**

人は失敗から多くを学びます。失敗しても咎められることなく、周囲にフォローしてもらえる関係性を築くことが保育者の専門性向上につながります。

んでも受け入れてもらえる安心感をもつ保育者同士の関係性により、子どものエピソードを語り合う習慣ができていきます。子どもを通した問いや疑問を言葉にして発する保育者同士の安心した関係性のなかで、自然に「子どもに合わせた保育」が実践されていくのです。

## ３ リーダーに求められるファシリテーション力

クラス会議はミドルリーダーのファシリテーションで週に1回行われます。議題は子どもの発達や関係、興味・関心（ブーム）等多岐に渡りますが、そのなかで現時点で特に必要だと思う議題を選択し問いを出すのはリーダーの役割です。数日前に議題を公表し、4週間（4回）かけて段階的に深めていきます。会議では、保育者全員から意見をもらうために、1回1項目付箋（付箋は何枚書いてもよい）を持ち寄ってもらいます。リーダーは、付箋を読み上げながらカテゴリーごとに集め、参加者と話し合いながらタイトルをつけていきます。その後、カテゴリーごとに出席者からの発言を促します。

意見は経験年数の少ない保育者、パート保育者から先に聞きます。若手保育者、パート保育者の発言や考えを中心に参加者から自由に発言してもらい、象限ごとに意見をまとめていきます。意見が多様になった場合は、無理にまとめずそのまま次への課題として残します。

リーダーはカテゴリーのポイントを解説し、次の象限の説明をします。方向性を示し参加者が見通しをもって次の会議に出席できるように気をつけ、次の会議までに日々の子どもの姿を見ながら、新たな自分の考えを整理しておきます。また、会議時間中の対話に限らず、保育中にも積極的に話題に触れるようにしています。保育者は毎日子どもの動きや発想に心を動かされます。その心の動きを言語化し、面白さを共有し、保育者同士をつなげていく役割がリーダーです。保育は日課のように予定通りにはいきません。子どもはよい意味で保育者が予定していた計画を壊し、また自分たちでつくり上げていく資質・能力をもっています。子どもが進もうとする方向を察知し、事実と理論、そして豊かな感性も含め保育者同士で対話し合える場の道しるべとなるリーダーのファシリテーションは重要であると思います。

現状把握による課題の抽出。①よさ、大事にしているところ、誇れるところ、②課題、悩み、難しいところ、③②の原因、④希望・こうなりたいというイメージ

## 5 興味・関心は成長への原動力

　保育者はキャリアを積み、保育の面白さに気づくと、実践と理論、人材育成などさらに次の目標が出てきます。もっと知りたい、もっと深めたいと前に進む保育者が、深く子どもを知り、子どもを理解するために必要なスキルを伝えることもミドルリーダーの役割であると思います。クラス会議のファシリテートや公開保育に向けた手順やマネジメントを通し、人に問うことのできる純粋な好奇心、子ども同士の関係や子どもの能力に向き合う資質、能力は保育者の専門性そのものです。大人の関係を良好に保つことは簡単ではないし、困難もあります。しかし、そのような状況でも人間そのものを面白がったり、不思議に思ったり、寄り添ったり、寄り添ってもらったりすることで、豊かな人間関係が再構築できるかもしれません。

　自分を知ること、保育を通した新たな知への興味・関心を自覚することは自己評価を促します。自分で振り返る、みんなで振り返るを繰り返していくことで、保育そのものの評価にたくさんの評価軸が生まれ、新たな発見につながるのではないでしょうか。

One Point Advice

個人の成長には、寄り添ってくれる他者の存在が不可欠です。また受け身ではなく、自ら必要性を感じたうえで行う自己評価は成長への推進力を生みます。

園　　名：社会福祉法人種の会　世田谷はっと保育園
所在地：東京都世田谷区
定　　員：153名

# 全体会議で悩みを出し合う

グループで話した内容は付箋を使って全体で共有する

**事例紹介**

組織・チームの課題は、園長や主任などのリーダー層が一方的に指摘するのではなく、職員が対話を通して、自分たちで気づいていくことが大切であることがわかる事例です。リーダーが職員の力を信じ、適切に権限を委譲することで、組織・チームの課題を自分事として捉え、変えていこうとする姿勢が生まれています。

## 1 「悩みを出しちゃおう！　会議」をスタート

　新年度がスタートしてようやく園全体が落ち着いてきた7月の職員会議にて、「悩みを出しちゃおう！　会議」を行いました。当園では、毎月2時間ずつ、全常勤保育者が参加している職員会議があります。そのなかで、毎回テーマを決めて1つのことを話し合い、保育者同士の学びの機会としています。

　7月の職員会議では、一人ひとりが今抱えている悩みを出し合うことをテーマとすることにしました。それは、新年度が始まり、3か月が経過した頃、なんとなく保育者たちに元気がなく疲れている様子が見られたからです。園長や主任、クラスリーダーは、4月から新しいクラスの子どもや保護者との信頼関係づくり、感染症対策等に追われながら保育に邁進している保育者一人ひとりの話を聞き、悩みがあれば相談にのるために、個々に面談の時間をもちたいと思っていたのですが、なかなかその時間を確保できずにいました。そこで、7月の職員会議にて、ざっくばらんに保育者同士が話せる「悩みを出しちゃおう！　会議」を開催することにしました。

## 2 悩みを出し合い整理する

　まず会議の前に、参加者全員が輪になって肩をたたきあう簡単なゲームで心をほぐします。次に、目を閉じて下を向き、顔を上げて目を開けたときに最初に目が合った人同士で二人組をつくります。二人組になったところで、5分間、お互いの趣味や今夢中になっていることを伝え合います。「へえ、そんなことを楽しんでいるのね」「私もそれ好きだよ」と話が盛り上がり、さらにリラックスできたところで、今度は保育のなかで今感じていることを出し合います。些細な悩みでもなんでもOKです。

　話を聴くときのルールは、①相手が話し終わるまでしっかりと耳を傾けること、②聴いた話は口外しないこと、③批判せずに相手の話は丸ごと受け止めることの3つです。10分経ったらタイムキーパーの指示で話し役と聴き役を交代します。話を聴きながら聴き役の人が内容を付箋に記していきます。話しはじめると10分はあっという間で、まだまだ話し足りないという様子です。感情が高まり涙ぐんでいる人までいます。

　タイムキーパーがもう少し時間をとったほうがよいかどうかを皆に聞き、

**One Point Advice**

仕事をしていると誰しも何らかの悩みを抱くものです。感情は抑圧するのではなく、言語化し共有するほうが、乗り越えていこうとする力が湧いてきます。

**Good Point**

あえて保育に直接関係のないテーマを選ぶことで、立場とは関係なく率直に自分の話ができる土壌ができます。そのような土壌づくりの後、本題に入ることで話しやすくなります。

**Good Point**

タイムキーパーがいて、話し役と聞き役を交代させることで、参加の平等性が保たれ、遠慮なく時間いっぱい自分の話をすることができます。

時間を10分ほど延長しました。そして、二人組で話し終えた後、どのような悩みが出されたのか、出し合いました。すると、似ている悩みも多くあったため、今度は付箋を使ってカテゴリー分けをしながらホワイトボードに貼っていくことにしました。

挙がった悩みを整理すると、以下のように分類できました。

①休憩時間がなかなかとれない、作業に追われるといった「時間の悩み」
②情報共有が難しい、子どもへのかかわりが統一できていないという「保育者間の連携の問題」
③遊びの提案や保育を伝える難しさといった「個人のスキル不足の悩み」
④子どもの気持ちの受け止め方や、遊びの援助方法に関する「保育者のかかわり方や保育における悩み」
⑤疲れやプレッシャー等の「心と身体の問題」
⑥物品不足などの「物の問題」
その他

特に多くの保育者が、「保育者間の連携の問題」と「保育者のかかわり方や保育における悩み」を挙げていました。年度はじめであり、新しいクラス編成で、担任同士のコミュニケーションがうまくとれていないことや、保育観のすりあわせができずにチームとして発達に合わせた子どもへのかかわりができていないという焦りを感じている保育者が多いようでした。

出された悩みをカテゴリー分けしながらホワイトボードに貼る

### 3 お互いに助け合い、解決の道を探る

会議の後、話し合いの感想を聞いてみると、「自分の悩みを聞いてもらったことによってなんだか心が軽くなった」「悩みが解決したわけではないけれど、話をしながら明日はこうしてみようということが見つかった」「仲間の思いを知ることができてよかった」という声が聞かれました。また、会議の数日後、保育者たちに変化が見られました。保育を伝えることに悩んでいた保育者にさり気なく記録の書き方の本を貸す様子、保育者同士の連携に悩んでいた保育者に積極的に声をかけ合う姿がありました。また、各

クラスミーティングの時間に、この日出された悩みを話し合い、解決策を見つけたクラスもありました。

　今回ファシリテーターを務めた園長、主任、リーダー保育者が一人ひとりの声を聞いて相談にのることも必要ですが、よいチームをつくるためには、一人の悩みを皆のものとして共有し、互いに助け合いながら解決の道を探ることも重要だということに気づかされました。ここはありのままの自分が受け止められる場所、多様な意見があってよい場所という実感が安心につながり、保育を皆でつくっていくもとになるのだと感じました。

それぞれの悩みを知る

話を聞いてもらうだけで嬉しそうな保育者たち

## 4 「悩みを出しちゃおう！　会議パート2」を開催

　夏の会議から4か月後、11月の職員会議にて、「悩みを出しちゃおう！会議パート2」を行いました。会議の最初に、7月に出された一人ひとりの悩みが解決したのか、まずは報告し合います。

　7月にカテゴリー分けした付箋を改めてホワイトボードに貼って眺めながら、「あのときの私はこんなことを悩んでいたのね」と、自分の悩みをすっかり忘れていた保育者も多くいました。次に、7月と同じ二人組になって、4か月前と今の心のありようを話し合います。すると、7月に多かった「保育者間の連携の問題」と「保育者のかかわり方や保育における悩み」は、ほとんどの人が解決できていることがわかりました。この4か月で子どもと保育者、保育者同士でコミュニケーションをとりながらともに考え、保育を進めてきた様子が伺えます。

**Good Point**

弱みを見せ合うことにより、孤立感が払拭されます。また、他者の困りごとのなかに、自分が貢献できることが見つかるため、互いに補い合うことができるようになります。

**Good Point**

前回の会議で出し合った悩みをフォローする機会を設けています。会議と実践が往還的につながり、自分たちの進捗を確認することで、手応えを感じることができています。

**Good Point**

付箋の色を分類ごとに変えることで、情報の分類と整理が容易になります。また、解決策が出ていない項目も一目でわかるため、効率的に議論することができます。

**One Point Advice**

職員個人の悩みや困り感の解決を、個人の努力に任せるのではなく、組織・チームとして支えていく、あるいは組織・チームの課題として一緒に解決に向けて動くことが大切です。

そこで、「まだ解決できていないこと」を議論することにしました。解決できていない悩みを「園全体の問題」「個人的な問題」に分類し、「園全体の問題」であった場合は黄色の付箋に、「個人的な問題」であった場合は青色の付箋に記入してもらいました。さらに「個人的な問題」の場合、どうすれば問題を解決することができるか、よいアイデアがないかを一緒に考えて青色の付箋に記入してもらい、再びホワイトボードに貼ってみます。

二人組の作業を終え、全員で青い付箋を眺め、付箋にあるアイデア以外にもよい方法がある人にはその内容を記入してもらいました。悩みが解決できていない人が少しでも前へ進めるよう、皆で考えます。次に、「園全体の問題」として黄色の付箋が貼られたものを確認していくと、圧倒的に多かったのが「時間の悩み」でした。「子どもと離れて事務ができる時間を確保したい」「常に時間に追われている感覚がある」「保育の準備や発達に合ったおもちゃを整える時間をとりたい」という内容は、相変わらず未解決のままで、園全体で考えていく必要性が浮き彫りになりました。

7月に悩みが多かったチームの連携力を養うために、ミーテイングの時間を増やし、保育内容を伝えるための記録にも追われている状況でしたので、この結果は皆が納得するものでした。次に多かったのは、「保育者のかかわり方や保育における悩み」「物の問題」でした。「保育者のかかわり方や保育における悩み」は、「子どもがしたいことと大人がしてほしいことをどう折り合いをつけて声をかけていくか」「子どもが何かしたいときにそれができる環境になっていない」という内容に黄色の付箋が貼られていました。今後は、外部研修を受け、発達を学び合おう、他クラスの用具も共用で使っていこう、と話し合いました。

「物の問題」で黄色の付箋がついた内容は「記録を書こうとするとパソコンが使えないことがある」「おもちゃの量や種類が十分でない」というものでしたので、早急におもちゃとパソコンを注文することにしました。

他にも黄色の付箋がつけられた項目は、次年度以降の重要課題として研修計画や会議の議題に盛り込んでいくことにしました。個々の問題が園全体のものになり、課題が見える化され、皆で取り組むべき課題を見つけることができました。

7月

11月

それぞれの悩みの変化を確認し、さらなる解決策を皆で探る
（黄色付箋は園全体の問題、青付箋は個人的な問題と解決策）

## 5 自分事として捉え、貢献し合う

　当園では、今後もこのような会議をくり返し開催していきます。7月の
会議で、保育者一人ひとりが抱えている悩みを整理し、明らかにすること
ができました。11月は、さらに問題を保育者全員で共有することができま
した。個々の胸の内にある保育への思いやモヤモヤした気持ちを、チームの
仲間と分かち合い、皆の問題として、どうしたらよいかを考え、プランを練
り、実行していく。それによって学びもチーム全体のものになっていきます。

　また、仲間のために自分は何ができるのか、自分事として問題を捉え、
貢献していくことが、保育者それぞれの個の発揮につながります。一人ひ
とりが尊重され風通しのよい職場づくりと子どもたちの幸せを目指して、
これからも皆で知恵を出し合いながら取り組んでいきたいと思います。

 Good Point

研修や会議を通して、職員一人
ひとりが多様な学びや気づきを
得ることができますが、それらを
メンバー間で共有することは、
組織・チームが成長・変化する
推進力となります。

園　名：社会福祉法人ル・プリ　かさまの杜保育園
所在地：神奈川県横浜市
定　員：120名

# 意見を否定せず傾聴・受容することだけがルール

職員会議の一コマ。少人数のグループに分かれて討議した後に全体で内容をシェアする

**事例紹介**

参加・対話型の研修や会議を実施する際に難しいと感じるのが、多様な意見をどのように
まとめたらよいかということでしょう。こちらの事例では、KJ法を活用したり、図にして見
える化したり、「抽象」と「具体」を行き来することにより、議論を形にしています。ま
た、意見やアイデアを発散し、収束させるというプロセスをたどることの重要性が理解で
きます。

## 1 職員全員が議論に参画するしくみ

　子ども・子育て支援新制度の施行に伴い、当園が認可保育所から幼保連携型認定こども園への移行を検討するにあたり、児童福祉施設と学校の両者の法的な位置づけに基づく就学前施設となることをあらかじめ全職員で共有しました。そのうえで、学校という法的位置づけが加わっても、保育は養護と教育の一体的提供と定義されているため、これまでの保育理念や方針を特に変える必要はないことを園長、副園長、事務長、主幹、主任で構成する運営会議で確認しました。

　その後、職員全員が参加する職員会議にて改めて幼保連携型認定こども園に移行することにより必要となる就学前教育について共有するために、当園で実践している保育を振り返り、日々の保育のなかにあるいわゆる教育といわれている取り組みを、「子どもたちの自己を育む教育的配慮と具体的支援」ととらえ直して、0〜5歳児クラスごとに分かれて、「保育のなかにある教育」について話し合いました。

　当園は平成元年の開園当初より早朝保育・延長保育・休日保育を実施しており、一年を通じてほぼ毎日開園していることから、9パターンのローテーション勤務で6時から20時までの14時間保育を実施しています。そうしたことから、職員全員がそろって会議や園内研修を実施することが難しい勤務環境にあります。そのため、毎月第4土曜日を職員会議や園内研修のための休園協力日として保護者の方々に家庭保育をお願いしてその機会を確保していますが、それでも毎回数名の子どもたちが登園するので、職員全員が一堂に会して開催することはできません。

**Good Point**

幼保連携型認定こども園教育・保育要領などの公的な文書に記載されていますが、その内容を自分たちがどのように理解し実践に落とし込むのかを、あらためて職員間で対話しています。

したがって、一回の会議で話し合いを終結してしまうと、議論に参加することができない職員が出てきてしまいます。そうならないためにも数回に分けて話し合う機会をもち、登園している子どもたちの保育は交代で担当して、職員全員がもれなくこの議論に参画することにより、議論の経過や結論を共有できるように配慮する必要があります。また、幼保連携型認定こども園への移行を職員全体で数回話し合う機会をもったことは、これまで当園が行ってきた保育を振り返り、そのなかにある教育的な取り組みを探り、当園の保育の質を高める絶好の機会となりました。

## 2 KJ法を用いた議論の整理

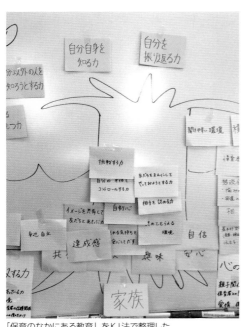

「保育のなかにある教育」をKJ法で整理した

この話し合いには、当園の保育をさまざまな切り口から振り返ることができるように、クラス担当の保育教諭だけではなく、副担当や保健担当、給食担当、事務担当、さらにはパート職員など、すべての職種の職員が参加できるように配慮しました。また、職員全員が安心して議論に参加して発言することができるように、保育カウンセリング研修で学んだ「他人の意見を否定しないで傾聴して受容すること」だけをルールとして、自由に発言することができる環境を整えたうえで話し合いを始めました。また、出された意見や情報をグループ化して分類するためにKJ法を用いて整理し、議論の着地点として当園の教育的なかかわりについて言語化して何らかの文章にてまとめることにしました。

## 用語解説

### KJ法
文化人類学者の川喜田二郎氏がデータをまとめるために考案した手法です。カードに記述した断片的なデータをグループごとにまとめ、図解化します。

## 3 複数のファシリテーターによるサポート

当園には、園長の他に副園長1名、事務長1名、主幹1名、保育主任3名、保健主任の計8名の役職員がいます。職員会議での話し合いのグループを6つに分けて、園長と副園長以外の6名がそれぞれのグループでファシリテーターとしての役割を担うことにしました。ファシリテーターは、グループメンバー全員が先述の「他人の意見を否定しないで受容すること」と、「等しく発言できること」に配慮しました。

One Point Advice

全職員にかかわることは、必ず議論の過程を共有しましょう。自分の知らないところで議論され決定されていると、組織・チームにおける自分の存在意義を見失うおそれがあります。

　園長と副園長は各グループの議論の進行を見守り、必要な場面で介入してすべての職員が安心して議論に参加できるようにサポートしました。

## 4 具体と抽象を行き来する

　各グループでは、改めて当園が幼保連携型認定こども園に移行する目的や理由などを理解して共有する作業から始めました。

　ファシリテーター役を担う職員は運営会議のメンバーなので、認定こども園への移行を検討する段階から、目的や理由などについては十分な議論を重ねてきています。「児童養護施設を併設する法人の特徴を最大限に発揮した子育て支援」「当市における3歳児保育の高いニーズ」「保護者の就労の有無にかかわらず入園が可能」などです。職員全員がこの議論に積極的に参加するためには、当園が幼保連携型認定こども園に移行する理由について理解し了解しておくことが必要だと考えたのです。そのうえで、保育は養護と教育の一体的提供であると定義されていることも再確認して、当園の保育実践の振り返り作業を始めました。

　しかしながら、各グループとも普段、「教育」を意識することなく保育を実践しているので、あらためて「保育のなかにある教育的な取り組み」を

One Point Advice

議論が行き詰まったら、「抽象」と「具体」を行き来してみましょう。ここではエピソードは「具体」であり、「成長シンボルの木」は「抽象」です。

KJ法によりまとめたキーワードでできた成長シンボルの木

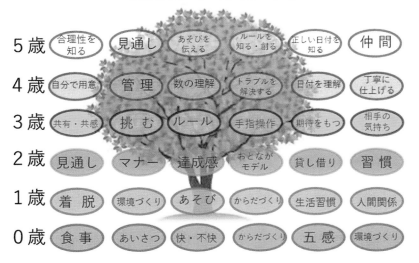

教育について考える
## 成長シンボルの木

| | | | | | |
|---|---|---|---|---|---|
| 5歳 | 合理性を知る | 見通し | あそびを伝える | ルールを知る・創る | 正しい日付を知る | 仲間 |
| 4歳 | 自分で用意 | 管理 | 数の理解 | トラブルを解決する | 日付を理解 | 丁寧に仕上げる |
| 3歳 | 共有・共感 | 挑む | ルール | 手指操作 | 期待をもつ | 相手の気持ち |
| 2歳 | 見通し | マナー | 達成感 | おとながモデル | 貸し借り | 習慣 |
| 1歳 | 着脱 | 環境づくり | あそび | からだづくり | 生活習慣 | 人間関係 |
| 0歳 | 食事 | あいさつ | 快・不快 | からだづくり | 五感 | 環境づくり |

**Good Point**

「成長シンボルの木」の抽象的な言葉を、「個別の関わり」と「集団への関わり」という具体的な言葉にしています。「具体」から「抽象」へ、そしてまた「具体」という流れです。

探す作業に戸惑い、思うように議論が進みません。そこで、まずはそれぞれが経験してきた子どもたちの成長を実感するエピソードを出し合い、そのなかにある教育的なキーワードをもとに「成長のシンボルの木」を作成することにしました。そしてその「成長シンボルの木」をもとに、幼保連携型認定こども園に求められる教育、さらには当園が目指す一人ひとりの個性が輝く保育をどのように保障・実践していくかについて議論を展開していきました。

保育を分解して、養護と教育に分けることは容易ではありませんが、大まかに子どもたちの命を育む取り組みを養護的な関わり、心の根っこを育てる取り組みを教育的な関わりとして整理することにしました。そして計4回の話し合いの結果、当園の保育における教育的な関わりを「個別の関わり」と「集団への関わり」に分けて「育ちを支える教育的な関わり」としてまとめました。

子どもたちの自己を育む教育的配慮と具体的支援

## "心の根っこ"を育てよう!!
~自己肯定感を育むために~

# 0歳 1歳 2歳 3歳 4歳 5歳 6歳

~ダァイスキ、ムギュ~
（愛着心）

~ジブンテ、ジブンテ~
（イヤイヤ期）

~ヒトリテテキルモン~
（自我の確立）

~イッショガタノシイ~
（友だちと一緒が楽しいな）

~アレ？チョットチガウ~
（あれ？）

~ジブンッテ、スゴイ~
（自己理解から他者理解へ）

~ボクラハヒトリジャナイ~
（仲間と共に）

**教育的配慮事項**

**個別の関わり**

安心できる保育者とのやりとりの中で人とふれあう楽しさや心地良さを感じ心の安定を図る。

保育者が子どものよき理解者となり気持ちを十分に受けとめたうえで選択肢を提示し選べる喜びを感じていけるようにする。

・思い通りにならない葛藤を受け止め子ども自身が納得し解決できるような環境を作る。
・さまざまになったことに自信を持ち選んでいけるようにする。

保育者が一人ひとりの自己主張を受け止めながら、相手の気持ちを伝えていく。

友だちを通して見えてくる心の葛藤を見守り、子ども自身が納得し、自己表現できるようにしていく。

自己理解が深まり友だちの中でも自信をもち様々な気持ちを表現できるようにしていく。

**集団への関わり**

一対一のやりとりの中で、欲求や気持ちを受けとめていくことで満足感を深め安心できる特定の保育者との関係を築いていく。

好きなあそびを通して、友だちの存在に気付き興味がもてるような環境づくりをする。

つもりやごっこの世界を膨らませおとながモデルとなりあそぶことで友だちと共にあそぶ楽しさを知り関係を育んでいけるようにする。

簡単なルールのあるあそびなどを通して友だちと関わり合い共感関係を育んでいく。

多様な活動を通して友だちと関わる楽しさを育てながら、衝突が起こった時は話し合い納得いく解決ができるようにする。
また、その中で一人の発見や経験を全員のものにしたり、良い面を認め合い、励まし合えるような関係を育んでいけるようにする。

自分の役割を理解し友だちと協力し合ったり励まし合ったりする中で仲間との共感関係を深め、友だちと居る心地良さを感じていけるようにする。

## 5 保育を一人称で語る

　前述のように、幼保連携型認定こども園への移行をきっかけに、園内研修の一環として職員会議を職員全員参加で4回開催し、これまでの保育実践を振り返り、それを分析して整理する作業を進めてきました。そのことにより、当園の保育理念や保育方針を再確認してより深く理解することにつながり、「しょうなんの保育」を一人称で語る職員が増えてきました。また、子どもたちの遊びや子ども同士の育ちを保障する観点から、1号認定の子どもについて他園よりも長い、園独自の保育時間の設定にもつながりました。

　現在も当園の「育ちを支える教育的な関わり」は未完成で、今後これに必要な環境や具体的な保育内容を付け加えていく作業を職員全員で行っていく予定です。この取り組みは、この図表を完成させることが目的ではなく、話し合う過程に意義があると思っています。今後もその過程で、職員一人ひとりの学びや気づきが園の保育の質の向上につながるものと確信しています。

園　名：社会福祉法人湘南学園
　　　　幼保連携型認定こども園保育の家しょうなん
所在地：滋賀県大津市
定　員：115名

# デイリー・プチ・カンファレンスで 子ども理解を起点とした保育の評価を行う

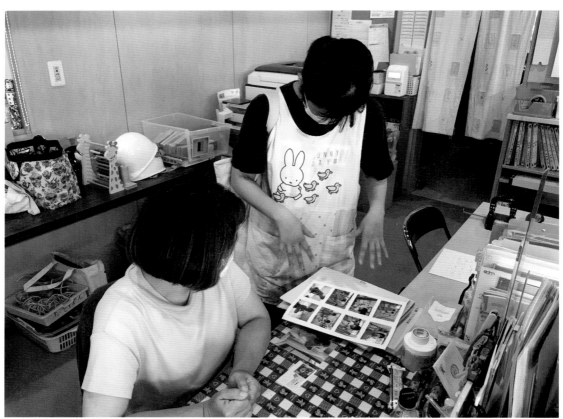

毎日5〜10分、保育者が語りやすいタイミングと場で保育を評価する

**事例紹介**

保育の質向上や、保育者の専門性向上において、PDCAサイクルを循環させる姿勢を保育者が身につけることが求められます。この事例では、日常の保育にPDCAサイクルを組み込み、無理なく自然に子ども理解を起点とした保育の評価を行っています。また、ICTなど新たなしくみを導入する際に、その目的と配慮事項、影響等についてしっかり吟味することの重要性がわかります。

# 1 デイリー・プチ・カンファレンスの活用

　日々の実践を記録し、職員間や保護者、子どもたちに共有するドキュメンテーションの作成プロセスの一部として、デイリー・プチ・カンファレンスを位置付けています。

　当園のドキュメンテーションの取り組みは、次のようなサイクルでカリキュラム・マネジメントに活用されています。

①日々の保育実践において、保育者が子どもの姿を撮影する

②保育者は、その日のドキュメンテーションに使う写真を選び、紙面にレイアウトした時点で、リーダーとともにデイリー・プチ・カンファレンスを行う

③リーダーとのやり取りで得た気づき、リーダーからのアドバイスを反映させて、ドキュメンテーションを完成させる（紙媒体およびICTで保護者に共有する）

④環境の再構成やかかわりの見直しの根拠となるエピソードを、写真とともに「10 Days Plan（2週間単位のマップ型週日案）」に追記する

⑤2週間に一度開催されるクラス部会で、再度リーダーともに追記済みの「10 Days Plan」を基に振り返りを行い、次の2週間分の計画を立案する

　デイリー・プチ・カンファレンスは、ドキュメンテーションとともに当園のカリキュラム・マネジメントの基軸を構成しています。それと同時に、保育者の子ども理解に係る資質を向上させ、安心感の下に自己開示・意見表明を行えるような関係構築の場として機能することも目的にしています。

　具体的な取り組みは次の通りです。

①保育者は、完成一歩手前のドキュメンテーションを基に、その日にあった具体的なエピソードを挙げて、自分が読み取った「子どもが体験を通じて、感じたり・気づいたり・わかったり・できるようになったこと」「気づいたことやできるようになったことなどを使って、考えたり・試したり・工夫したり・表現したこと」をリーダーに説明する。

②リーダーは、子ども理解に基づく今後の見通しや保育者の願い、それらを具体化するための環境の再構成やかかわりの見直しを引き出すような問いを保育者に投げかける。

このやり取りは、基本的に毎日5～10分程度の短時間で行われます。

保育実践におけるPDCAサイクルの一部に組み込まれ、日々の保育のなかで自然と継続的に取り組むことができるしくみになっています。

PDCAサイクルを循環させることで、保育者の専門性向上につながります。この経験を積み重ねることで、日常の業務のなかで自立的にPDCAを循環させる姿勢が身につきます。

リーダーシップの基本は「聴く」ことですが、相手の気づきを促すような「問い」を投げかけることも大切です。より的確な「問い」ができるようになるには訓練が必要です。

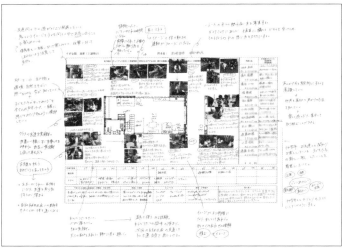

## ２ 保育カンファレンス（研究会）の導入

　ドキュメンテーションの作成・共有、およびカリキュラム・マネジメントへの活用がペーパーレス化されていない状況を逆手にとって、日々のルーティンに対話の時間を埋め込みました。

　開催時間を限定せず、助言役となる担当リーダーも園長、副園長、主幹、副主幹と幅をもたせ、保育者が語りやすいタイミングと場を選択できるようにしています。

　取り組み開始時に、保育者に伝えたことは次の通りです。

**One Point Advice**

新たな取り組みを始めるときには、まずは取り組みの「目的」を共有することで、納得感が生まれます。また、ある程度自分たちで工夫できるように、裁量に委ねることも大切です。

【目的】短時間で報告するために、話題にしたいエピソードを絞り込み、内容を整理する過程で保育の振り返りを行う。
【配慮】エピソードから読み取った、子どもの興味・関心の対象や、意欲の芽生え、社会性の発達などを簡潔に報告する。また、それらがより広がったり、深まったり、展開したりするような環境の再構成や素材の準備、遊びの提案などを具体的に提示する。

　取り組み当初の主な目的は、十分なノンコンタクトタイムを捻出するこ

とが困難ななか、経験の浅い職員でも、次期計画の資料として活用できる記録の質を担保することでした。事務所内の共同作業スペース付近で臨機に開催することで、周囲にいる職員も巻き込んだ対話の場として機能することを目論んできたので、報告・相談ではなく「カンファレンス（研究会）」と名付けました。

## 3 配慮と支援

　当園のドキュメンテーションの取り組みは、カリキュラム・マネジメントの基軸を構成するものであるのと同時に、保育者にとって最も頻度の高い保護者向けの情報発信でもあります。日々の送迎時に、印刷されたドキュメンテーションを前にして意見交換したり、ICTを活用してコメントをやり取りしたりすることで、保護者とのパートナーシップを強化するツールとなっています。リーダー層は、保育者の「子どもって面白い」「私の感動を保護者と共有したい」という想いを尊重し、情報発信に対する勇気づけに努めています。

【目的】各クラスの日々の様子をリアルタイムで把握するとともに、担当保育者が特に注目している（したい）視点を共有する。保育者が安心して保護者に発信できるように勇気づける。若手保育者の記録・計画に対する苦手意識を軽減する。

【配慮】肯定的・共感的に聴く。保育者が抱いているイメージがより具体的な計画へつながるように、質問によって引き出したり、必要に応じてアドバイスをする。

　リーダー層は、提示された写真を手がかりに、保育者がエピソードを通じて子ども理解を深める過程をサポートします。保育者の気づきや感動を共感的に受け止めつつ、環境の再構成やかかわりの見直しにつながる具体的なポイントを引き出し、「10 Days Plan」への橋渡しに留意しています。

## 4 気づきを引き出すはたらきかけ

　デイリー・プチ・カンファレンスは開始するタイミングと対応するリーダーの選択を保育者に委ねているため、スタート時点では保育者側が主導

**Good Point**

リーダー層が、未熟な部分を責めるのではなく、勇気づけ肯定する姿勢があることで、若手保育者に苦手を克服しようという意欲が湧き、リーダー層の助言も受け入れやすくなります。

します。対応するリーダーは、保育者の気づきや感動を共感的に受け止めつつ、共有されるエピソードに対して保育者とは別の視点から理解を試みます。

　ここでは、リーダー視点からの子ども理解を教示するというよりは、保育者の読み取りが立体的・多角的になるような気づきを引き出すような働きかけに努めています。また、必要に応じて、周辺で作業している別のリーダーや保育者にも対話の輪に入るように促します。

## 5 ICTで減るものと減らしたくないもの

　当園のデイリー・プチ・カンファレンスは、ドキュメンテーションの作成・共有およびカリキュラム・マネジメントへの活用がペーパーレス化されていない状況を逆手にとって始まった取り組みでした。しかし、ICTサービスの汎用化が進み、当園でもペーパーレス化を試行しています。ドキュメンテーションの完成前に、一旦印刷するという手順がなくなるため、保護者への共有前のリーダーによる確認も対面で行う必然性が薄れてきます。

　しかし、経験の少ない保育者でも安心感の下に情報発信できたり、自分の子ども理解が、リーダーの支援を得て次期計画へフィードバックされていく実感は、他に得難い学びの機会です。またリーダー層にとっても、ノンコンタクトタイムを捻出しにくい現状において、保育者の成長を支援する貴重なプロセスであり、既に欠かすことのできない取り組みになっています。

　本格的にICTを活用し、ペーパーレス化による負担軽減を図りつつ、デイリー・プチ・カンファレンスが実効的な学びの機会として継続できるように、さらに試行を続けていきます。

## 6 取り組みを通した気づき

　保育者が子どもをどのように理解し、それをかかわりの見直しや環境の再構成にいかに活用するのか。また、リーダー層はそのプロセスに伴走しながら、より質の高い実践へと導きつつ、どのように保育者の成長を支えるのか。そこには質・量ともに豊かな対話が不可欠です。

　しかし、現状の制度下では、十分なノンコンタクトタイムを捻出するの

One Point Advice

より豊かな子ども理解のためには、リーダー層だけではなく、さまざまな職員が対話を通して多様な子ども理解を出し合うような場を設けることが重要です。

One Point Advice

ICTを導入することで、業務の効率化が期待できますが、失われるものもあります。ICTを導入することで「増えるもの」と「減るもの」を書き出してみましょう。

は非常に困難です。それを打開するために、ドキュメンテーションや「10 Days Plan」を導入して、子どもの姿や保育者の具体的なかかわりを可視化し、対話をより直感的に引き起こそうと企図しました。

　ところが、たとえ他の業務を整理したうえであっても、これらの取り組みは職員の負担感をやや増大させました。その理由は、自身の保育観・子ども観を開示したり、具体的なかかわりや配慮を明らかにするものであったからだと分析しています。

　その負担感をいくらかでも軽減するために、毎日の実践のなかで立ち現れてくる小さな出来事と、それに伴う保育者ならではの情動や思考を共有することをルーティンとしたのがデイリー・プチ・カンファレンスです。

　当初は、主に若手職員が安心してドキュメンテーションを作成・共有できるように勇気づけつつ、リーダー層が実践の課題や職員の困り感に気づく機会として捉えていました。それが実践の質を高めることを期待していたからです。しかし振り返ってみると、職場の人間関係にもよい影響を及ぼし、パワーハラスメントや不適切なかかわりの予防にも寄与していたのかもしれません。

園　名：社会福祉法人柿ノ木会　幼保連携型認定こども園野中こども園
所在地：静岡県富士宮市
定　員：147名

# 職員会議を「子どもを語る場」に

コロナ禍ではZoomで会議を行っている。ブレイクアウトルームを活用して普段話さないメンバーで対話することで新たな視点が生まれる

**事例紹介**

保育の質の向上のためには、経験を重ねた保育者やリーダー層が保育に関して気づいていることや気になっていることについて、問題提起する必要があります。ただし、一方的に指摘や批判をするのではなく、最終的には立場に関係なく、互いにフィードバックし合う関係性を構築することが大切です。この事例では、さまざまな会議を活用することで継続的に保育の質の向上に取り組む集団づくりを目指しています。

# 1 会議を通した人間関係の構築

　職員会議は園の保育理念を共有し、皆でその実現に向けて多様な意見を出し合う貴重な時間ですが、それを実現するためには、よりよい人間関係の構築を目指した対話的な組織を創造する必要があります。

　筆者が現在の園へ異動した10年ほど前、職員会議は議題に沿って議案を決めることが中心で、考えるというより選択するための時間という印象をもちました。保育内容が毎年変わらなければ、それでも事足りるのかもしれませんが、子どもの最善の利益を考えた保育を創造するためには、マンネリではなく目の前の子どもの願いを実現させるための組織であることが必要です。ひとことで言うと「思考する保育集団」が必要なのです。

　当時、私のなかで次のようなことが課題となっていました（一部現在進行形のものあります）。

**One Point Advice**

園内研修や会議が一方通行型である場合、職員は管理者層の指示・命令に従い動くことが重要だと考えるようになり、自分で判断し行動しようとする姿勢が失われます。

職員会議に感じていた課題(2014)

> ○スタッフが60人近くいるため、各々が意見を出し、迅速に共有することができない
> ○園全体の意思疎通が必要だが、会議の場で意見を言う人が決まっている
> ○園長に最終的な判断を求める構図がある
> ○過去の評価を活かせず、“例年通り”に行事等を進めようとする
> ○ファシリテーターの育成も含め、皆の意見を引き出す会議になりにくい
> ○保育の評価が活かせる振り返りの議論が少ない（PDCA）
> ○子ども理解を深め、その願いに沿った保育を目指す必要がある
> ○議論に時間をかけず、早く終わらせようとする職員の意識改革が必要
> ○会議に参加しないパートを含めた保育者等との共有（意思の疎通）を図る
> ○園が目指している理念を皆で共有し、子どもの権利を考えた保育を目指す

　しかし、保育者が同じような課題意識をもっていたかというと全く逆で、私の提案はかえって“迷惑や否定”だと感じていたと思います。ですから、時間はかかっても、トップダウンではなく話し合うことによってよりよい保育を目指すための“対話”に時間をかけることが重要だと思いました。

**Good Point**

管理者層やリーダー層が一方的に問題を指摘しても、一時的な取り組みで終わってしまいます。職員間の対話から、継続的に保育の質の向上に取り組む集団づくりを目指しています。

## 2 意見の言いやすい会議とは

**One Point Advice**

情報共有だけではなく、対話を通じた保育の質向上や、職員間の関係性の向上など、会議の目的を達成するための適切な会議のあり方について考えてみましょう。

　職員会議は、現状の保育を皆で評価し、よりよい方向を皆で創造し共有していく時間です。だからこそ園には創意工夫が求められているのではないでしょうか。また、会議であれば議論が必要ですし、それを踏まえて皆の意見が多様な視点で反映される必要があります。さらには目の前の子どものたちの願いに沿った保育をするためにプロセスを評価し、課題と次の行動を考える議論はずっと続いていくと思います。

　しかし、私たちは議論し合う教育を学校で教わらず、また社会のなかで調和を求められてきたので、他者に対して意見を言うことはもとより、意見を言われて冷静に対処するということも学んできていません。まして職場内では上下関係が自然にできるため、新人が先輩に対して意見を言うことなどは大変難しいと思います。しかし、ここを変えない限り、対話のできる園は生まれません。

　そのため、以下のように会議を構成し、「意見を言わせるのではなく、3〜4人で自由に語り合う行う対話環境をつくる工夫」を取り入れました。

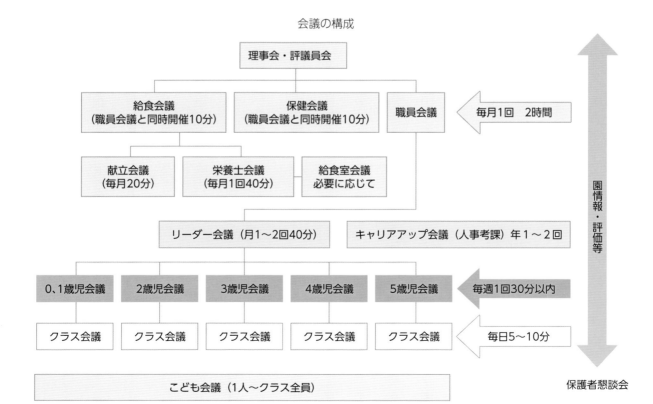

会議の構成

　このなかで話しやすい環境は、クラス内の気心の知れた人たちとのクラス会議です。しかし、ここで新人たちがしっかり発言しているかどうかは、リーダー層を中心にした先輩たちのファシリテーションスキルにかかっています。全体の職員会議でもこうした小グループによる話し合いを意図的に組み込み、そこでの意見を集約するという方法にすることで、現場からの小さな声が届くようになります。この図式ができると保育者だけでなく、実習生や子ども、保護者、地域等の声を受け止めやすい環境が生まれ、経営者側にも正確な情報伝わるため、判断の過ちが起こりにくくなります。このようなしくみは、ICTを活用すること対面でなくてもつくることができます。

**Good Point**

新人職員の様子や、会議での職員の対話の様子などを、管理者層が組織・チームの現状を正しく認識するためのバロメーターとしています。

会議の種類

**Good Point**

「こども会議」の目的が明確に示され共有されていることで、保育者は「こども会議」にどのような姿勢で取り組めばよいか理解できます。対話の基本となる聴く姿勢も身につきます。

> **こども会議（子どもの意見を聴く）**
> 目的：子どもの声を聴き保育のなかでその願いを活かすこと
> 方法：子どもは話を聴いてもらうことが対話のスタートになると考え、0歳児の応答的関係も会議と考えます。グループ人数は一対一から子どもの年齢と同じ人数が基本です。子どもが4〜5歳児になるとクラス全員で話し合うこともしますが、当初はグループ会議が基本です。時間は数分から長くても20分ほどを目安にして子どもに合わせます。
> （例）今日はどこで遊ぶ？　どこへ行きたい？　何をして遊びたい？　何が嫌で喧嘩になっちゃったの？　どのくらい食べる？　など、子どもたちが気持ちよく生活していけるように話し合いをします。そして子どもの自己決定の機会をできるだけ尊重します。
>
> **保護者懇談会（個人面談、苦情解決）**
> 会議の位置づけにはあまり考えないかもしれませんが、「了解を得る」行為も大きな意味で会議と位置づけます。情報提供、保護者懇談会、アンケートの活用など、保護者や地域の声を聞く窓口を意識します。保護者から寄せられた苦情（声）について語ることも重要な会議です。
>
> **キャリアアップ会議、個人面談（人事考課）**
> 保育者等の個別の面談を通して園での自己実現を支援します。また、悩みごとや希望などの意見交換もします。
>
> **クラス会議（5〜10分）**
> 園のなかで最も重要な会議と位置づけています。日誌や連絡帳を記入する前の短い時間、ときには子どもを見ながらでも、その日の子どもの姿や保育の進め方等についてそのクラスの保育者たちが情報交換をします。楽しくなってしまうこともあるので「短く」が原則です。これをきっかけに保育者たちの対話が

生まれます。

### 年齢会議 （30分以内）
毎週木曜日、リーダーがファシリテーションしながらクラスごとの情報共有をします。また、週案の評価、作成についての情報交換もします。

### 保健会議 （毎月1回）
看護師が企画し、園の感染情報、事故、ヒヤリハット等の意見交換をします。

### 給食会議 （献立会議・栄養士会議・給食室会議）
栄養士が給食についての情報提供や食に関する行事の評価をします。食育活動についての調整も行います。献立会議は乳児、幼児で分かれて代表の者が栄養士、園長と話し合います。ここでの話題が給食会議に挙がることもあります。栄養士会議は栄養士2名と園長で主に事務的なことを共有します。給食室会議は人間関係に調整が必要なときや園からの要望があるときに開催します。

### リーダー会議 （月1～2回40分）
園長とリーダー層で保育の状況、職員の人間関係、行事や保育に対するクラスの取り組み状況などを共有したり、園長による研修なども行います。そしてここでの話し合いがクラス会議に反映されます。

### 園長との対話
著者は保育日誌を毎日読むことを楽しみにしているので、子どもたちの様子を聞いたり、記録されたことについておしゃべりをしたりします。これも会議につながる重要なコミュニケーションだと思います。

## 3 ICTの活用、会議の準備 （コーディネート）

**One Point Advice**

業務の「ムダ、ムラ、ムリ」をなくすために、園内研修や会議は柔軟に種類や数を変えていくことが大切です（減らす、無くす、統合する、増やす等）。

　毎年同じような保育をするのであれば、会議は必要がないかも知れませんが、目の前の子どもの意見を聞きながら質の向上を目指すのであれば、最初にこうした小グループでの会議の必要性を検討することをお勧めします。そして、議論が必要な議題については小グループで話してから、その意見を集約して、必要があればさらに全体で議論するという手順を踏むことで、沈黙の時間が少なくなり、多くの意見を反映させることができます。こうした会議の進め方は子どもたちの意見はもちろん、見通しをもって働くことがまだ難しい新人スタッフや実習生などの意見も集約されるため、子どもはもちろん職員や保護者にも安心感を与えます。コロナ禍で対面によるグループ会議が難しくなった一方で、今ではリモートによりグループ

セッションが可能になり、そのなかで研修を行い、その感想についてもすぐに共有できるようになりました。

　また、会議の議案や進行、内容等に対して事前にそれぞれの担当者が責任をもって自分の会議の準備をするために書き込みをするので、アジェンダとして議案が回るため、会議の方向もわかり効率のよい運営につながりました。予定表等もアプリを使って共有できるため、そのまま議事録として活用できます。会議は皆が準備をして臨むことが何より重要です。

## 4 会議を「おしゃべりの場」にしない工夫

　会議では行事の予定や振り返りなどの報告があると思いますが、議論したことを明日からの保育につなげたいと考えています。そのためには自分たちの保育を評価するしくみが必要であり、行事等の感想を「よかった」「喜んでいた」「楽しんでいた」などという言葉で終わらせるのではなく、「行事を通して子どもたちのなかに何が育ったのか」「保育のなかでどんな交流があったのか」「人間関係の広がりや今後の期待」などを共有することで、この先の保育の方向性が決まっていきます。

　ですから、職員会議の後には、明日からの保育を想像できるような対話をすることが重要です。そして明日からの保育を想像することで子どもたちの環境づくりも可能になります。保育には到達目標はありませんが、保育者が子どもたちに対してどのようなことを願っているのかを具現化し、そのプロセスのなかでの出来事を丁寧に記録し、共有することで、保育者の人間関係、同僚性が高まっていきます。改めてねらいをしっかり確認し、明日につながる自分たちの保育について幅広い評価をしています。そのためにICTの活用やマネジメンも必要になりますが、導入することで子どもとのかかわりが減るようでは意味がありません。

　著者はこれらの会議で一番重要なのは、短くても毎日、クラス内で子どもたちの姿や保育の進め方を話し合うことだと考えています。そのことを保育日誌に記録して共有し、評価を職員会議につなげることで、子どもを中心にした園全体の対話が生まれると思います。

Good Point

ICTを活用することで、会議の効率化と充実度を上げています。また、会議の議事録がすぐに共有されることで、議論したことをすぐに実践に移すことができています。

Good Point

保育実践のプロセス（PDCA）を、職員間で丁寧に共有することで、人間関係が構築され、同僚性が生まれています。組織・チームで保育をするという感覚がもてるようになります。

　職員会議を最高の意思決定の場としながらも、1か月に1回だけの開催では決議することが優先され、皆で議論したり、自分たちの保育に対する振り返り（評価）をする時間が圧倒的に足りません。しかし、その厳しい条件のなかでも保育や子どもたちを抜きに議論することはできませんので、会議では議決することと同時に、同じ方向に向かって協働するための対話を重視し、評価を丁寧にするしくみを考えました。

　園は子どもたちが最初に飛び込む小さな社会ですから、そこから平和や平等や自由など、民主的に働く大人の姿を保育のなかで見せることができるようにする必要があります。そのため、トップダウン的な組織にならないよう、同僚性を意識して議論できる組織を目指したいと考えています。しかし、小さな園のなかに三権分立のような牽制できる組織をつくるのは大変です。そこで、園の理念や指針を「法」として、それぞれの保育者が自己発揮し、保護者や子どもの願いを把握していくことで、開かれた組織を構築したいと考えています。このとき必要なのが情報の提供であり、目指す方向を共有することによって信頼関係を生み出す対話です。

**One Point Advice**

職員同士の関係性は、子どもにとって一番身近な社会のモデルとなります。「私」のあり方だけではなく、「私たち」のあり方もモデルとなっているということを意識しましょう。

【開かれた組織の構築】

園の理念
経営者、理事会、評議員会

評価を基にした
対話的組織で園運営を
見える化する

園の運営（民主的組織）
園長、保育者等

子ども、保護者、地域の声

## 6 日常のなかに対話をするしくみをつくる

　対話については職員会議だけでなく、日常のなかで時間をかけずに実施することが重要と考え、提案したのがクラス会議の実施です。このときの話し合いは子どもの言動や保育内容が中心になるので、子ども理解が深まるとともに、同僚意識も高まります。さらにはその内容を職員会議で報告することによって、皆で共有することが可能になるのです。

話しやすい環境を生み出す会議の関係

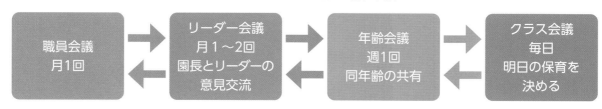

　職員会議では対話を活性化するための工夫として小グループをつくり、話しやすい環境を生み出していきます。対話しやすい環境で意見を出し、それをまとめることで皆の意見が反映され、そのことでまた意見を言うようになるので、活発な話し合いになります。

　話題によっては、座席を移動して新たなグループで議論する工夫もしています。このとき、意見をどんどん出せる職員は逆に他者の意見を引き出す役割を担ってもらいます（ファシリテーターの学びをしてもらう）。

**Good Point**

単独の会議で完結させるのではなく、会議と会議のつながりや流れがあります。また、話しやすい環境づくりとともに、皆の意見が反映されるようなしくみづくりをしています。

## 7 記録ではなく話し合いに集中する

　会議中、保育者は個々にメモや記録を一生懸命とっている姿も気になりました。話し合いに集中するためには、話を聞くことがポイントですが、メモとることに集中していると言葉の意味を理解することが難しくなり意思の疎通がうまくいきません。そこで、会議中には記録係を2名選出し、その内容をパソコンでリアルタイムに入力しプロジェクターを活用してその場で共有するようにしてみました。記録に時間がかかる人がいたため、はじめはタイピングが得意な保育者に記録してもらいましたが、1年もしないうちに皆が記録できるようになりました。ここでは先輩が後輩から教えてもらうという現象から、よい関係が生まれました。同時にこの記録は議

**One Point Advice**

傾聴では、相手の話している内容を耳から音声として聞くだけではなく、表情や仕草などといった言葉以外から伝わってくることを目で理解しようとする姿勢が大切です。

事録として活用できるため、翌日にはパート職員も含めすべてのスタッフが会議の内容を共有できるようになりました。これによって園の目指す方性が皆に伝わるようになり、またパート職員の意見も会議で議論されていると伝わり、モチベーションの向上にも役立ちました。

## ⑧「子どもを語る」会議

　足りないと感じていたのが子どもへの理解を深めるための対話の時間です。どの行事を考えるにしても、その中心には子どもが必ずいます。しかし、園全体の行事にする場合、どうしても5歳児に合わせる方向になりがちです。ところがコロナ禍で行事がクラス単位になり、各クラスでより年齢に合ったねらいを設け、無理のない取り組みができるようになりました。

　しかし、年齢による違いを活かし、より今の子どもたちの育ちに合わせた行事にするためには、園全体で子どもの育ちに対する見通しをもった保育環境をつくる必要性が生まれてきます。

　さらにはクラスのなかに特別な支援を要する子どもがいた場合も全職員の共通理解が必要になります。これこそが養護と教育が混在する当園独自の保育であり、その確認や連携のために必要なのが話し合い（会議）です。さらに、子どもの育ちにあったねらいを共有し、それが生きるように異年齢のつながりを考えるときにも、クラスを超えた連携会議が必要になります。ここでは、そのことをイメージしやすいように具体的に2つの事例を紹介します。

### ①ケア会議

　これはクラスの環境だけでは保育が難しい子どもについて、園全体で育ちやすい環境や保護者支援を考えていく会議です。この会議により、保育者の保育観が広がり、つながっていきます。

　ある4歳児の女児はクラスの活動が苦手で、よく事務室で遊んでいました。しかし、加配申請をするまでの状況ではなかったので、はじめに園のケア会議で報告をしました。

### 【子ども情報】

　保育のなかで保育者は何に困っているのかを伝えながら、子どもの姿を報告します。

**Good Point**

クラスの枠を超えて連携することができるように、クラスだけでは解決できない課題を共有しています。課題を共有することは、組織・チームの目標共有にもなります。

【情報収集】

　次に行うのはその子に関するアセスメント（情報収集）です。1歳児から園に在籍していたので、それまでの子どもの様子が、それまで見てきた職員から報告されます。次には保護者情報の収集です。ここでもそれまで担当した保育者からさまざまな情報が寄せられました。

【子ども理解、保護者理解】（グループ討議）

　子ども、保護者、保育内容等の説明から子どもが何に困っているのかを共有します。すると、ここからその子のよい面や好きなこと、対話のヒントが浮かび上がってきます。この女児は大きな音も苦手だったり、先生の話は理解できてもじっとしていることが難しかったりするのですが、考えたり新しい発想生み出したり自己主張することも得意なことがわかりました。

【対応へのヒント】

　子どもへのアプローチのヒントはこうした多くの保育者の捉え方の違いから生まれてきます。そして、このような話し合いをすることで、その子どもへの声かけが多くなり、皆が温かい目で見て、緩やかに対応することで多様な保育環境が生まれます。その子がクラスを飛び出しても「うちに来る？」と誘ってくれる保育者もいますし、年下の子どもと遊ぶことが上手だったので、その子どもの居場所が増えました。

【子どもの自己決定】

　クラスに居場所を見出せなくても園のどこかに居場所があるということは子どもに安心感を与えます。そのような環境を大切にしようとする保育者の意識があることで、その子はいろいろなクラスで遊んだり、同年齢のなかでは表現しきれなかった自分の長所を年下の子どもに対して、絵を描いたり制作をしてあげたりすることで自己を発揮をすることができ、憧れのお姉さんとして自分の居場所をつくることができました。このような場所ができることで自分のクラス内でも少しずつ楽しめるようになってきました。このような子どもの理解を基本に、保育環境を多様にするために職員会議を活用したいと思っています。

【振り返り1か月後】

　このような環境をつくることで子どもが自分の気持ちを素直に表現するようになり、その気持ちに応えることで徐々に落ち着いてきたという報告を翌月クラス担任から受けました。豊かな環境を園全体でつくっていくと、

**Good Point**

事例の「ケア会議」での情報収集では、対象となる子どもの現在のクラス担任だけではなく、これまでかかわりのあった職員からも情報提供がなされ、多面的な理解が促進されます。

**Good Point**

「ケア会議」において、組織・チームとして課題を共有したことで、クラスの枠を超えた対応へのヒントが得られました。そして、職員が互いに助け合う風土につながっています。

**One Point Advice**

会議で話し合ったことを実際の保育で実践し、その実践を再度同じメンバーで振り返る機会を設け、成果を共有することで、保育に手応えを感じることができます。

自己主張をしながら自ら居場所を選びます。"子どものよりよく生きたい"という気持ちを信じながら職員の保育観が近づく"対話"がポイントになっていると感じました。みんなで考えよりよい方向を目指すということの重要性が対話によって生まれることが確認できました。

②会議を活用した研修（園の目指す保育）

　不適切な保育について職員会議で話し合うことにしました。Zoomを活用し、iPadを用いて普段話さない同僚3～4人を1チームにしておしゃべりをしてもらい、共有をくり返すという方法をとり入れました。

　ブレイクアウトルームでの短い話し合いのテーマは次の通りです。

---

①不適切保育って何？

②不適切保育が起こる原因についての議論

③不適切保育が子どもに及ぼす影響

④不適切保育が起こらないようにするためには

⑤子どもの「今」を大切にする保育を考えるための保育者のスキルアップ

・自分が子どもに対してどのような言動をしているのか考えます（評価）

・保育者に必要な資質とは

・対話すること、評価することが予防につながります

・今を伸び伸びと過ごすことの重要性に気づく

・学校への準備教育ではなく生涯教育のスタート

・社会的情緒スキルの獲得

・プロセスを意識した保育

・子どもが自由を獲得するプロセスを予測する

・人権意識、こどもの自己決定につきあう

〈保育日誌（記録）を活用した行事（劇の発表会）への気づき〉

　保護者が参観する行事はどうかすると出来栄えが評価につながりやすくなりますが、結果ではなくプロセスに視点を置くと、子どもたち一人ひとりの育ちが見えてきます。そのことを職員会議で共有することで、子どもへの理解、保護者理解が深まり、園内研修にもつながります。

---

　そして最後には子どもの人権に対するチェックリストを確認して終了となりました。この間30分ですが、一人ひとりが自分たちの言動について考えることで、他者の言動が気になってきます。ここを共有できるようになると単なる仲良し集団ではない開かれた同僚性が構築されていきます。そ

**One Point Advice**

保育の質向上や保育者の専門性向上のためには、立場とは関係なくお互いに少し耳の痛いことを伝え合うこと（フィードバック）のできる関係性を構築する必要があります。

れは、お互いに声をかけ合う文化を生み出すことにつながるので、子ども
の人権を考えた保育集団が生まれていきます。リーダー層はこうした言い
にくいことに対してリーダー会議などで議論してほしいと思います。

園　名：社会福祉法人相友会　諏訪保育園
所在地：東京都八王子市
定　員：205名

# 6章

## 事例で学ぶ
## 効果的なOJT

# ペアで個性を感じ合う「Talking Time」

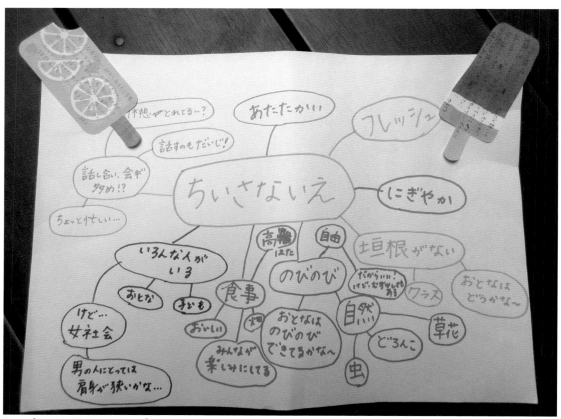

テーマ「ちいさな家」のマインドマップ

**事例紹介**

OJTでは、つい仕事の内容を後輩に一方的に伝え指導する、という形になりやすいですが、この事例では、まずOJTを支える信頼関係の構築に取り組んでいます。そして、マンツーマンでの安心・安全な関係性ができてくると、組織・チームの他のメンバーに対しても、積極的にコミュニケーションをとろうとする姿勢が生まれています。

## 1 「Talking Time」を始めるきっかけ

4年前、当時の副園長の提案で、園運営をこれから担っていく、経験年数9年目以上のファシリテーター層が園全体に意識を向けていけるように、その層での会議を定期的に開催しました。そのなかで「ファシリテーター層以外の職員にも話し合う時間があるとよい」という意見があり、当園について話し合う時間を設けました。すると、「気楽に話をする時間がほしい」「自分の保育で大丈夫なのか不安になる」「職員によって考えが違うので戸惑うことがある」「会議で話し合いをしてもなかなか結論が出ない」などの声がありました。これらの意見を受けて、積極的にコミュニケーションを図る工夫の必要性を感じました。

コミュニケーションを図ることが苦手な筆者が、今の職場で安心感を得ることができた理由を振り返ると、保育だけでなく行事の準備など、さまざまな場で職員同士がかかわる機会があったことが思い出されました。そして、一人ひとりの職員の個性を感じ合う機会が保育における安心感を支えると気づきました。

2021年に新園長が就任し、新体制を迎えた前後は、コロナ禍ということもあり、会話や食事など、職員同士のコミュニケーションの場がもちにくい状況が続きました。このようななかで生まれたのが「Talking Time (TT)」です。

**One Point Advice**

保育者が安心して仕事を継続するためには、自分の悩みを聴いてくれる人がいることと、自分の保育に共感してくれる人がいることが大切です。

## 2 「TT」の誕生

コミュニケーションを図るきっかけとして、「保育者としての自分だけでなく、さまざまな角度からお互いを感じ合えるような時間をつくれないか」、そして看護師のプリセプター制度を当園でも取り入れられないものかと考えました。しかし、クラスや職種が違えば業務内容も少しずつ異なるなど難しい点があり、経験年数8年目までの職員がペアになり、テーマをもとに話しをするという方法で始めてみました。そして、この時間を自分の業務を行う空間から離れ、お互いに保育士・栄養士以外の顔を感じ合うコミュニケーションの場、と位置づけました。また、親しみを感じやすくなるよう、頭文字から「TT」という呼び名を付けました。

**用 語 解 説**

**プリセプター制度**
先輩の看護師が新人看護師に対して、マンツーマンで指導する方法です。新人看護師の新しい職場や仕事への不安を軽減し、実践能力を身につけるための支援をします。

## ③「TT」の実施のルールとポイント

　対象者は、1～8年目の保育者と栄養士の計10名です。先輩5名がくじを引き後輩5名とのペアを決定します。ペアは年間を通して同じ相手で、各ペアの先輩職員に5～6月、8～9月という2か月の期間を示した「TTカード」を渡し、各ペアで期間内に1回ずつ開催日時を決めます。

　各ペアの「TT」スタート時には、筆者が内容やテーマを伝え、終了時にも声をかけてもらいました。そうすることで、筆者は「TT」スタート時と終了時の各ペアの表情をよく観察することを心掛けました。「TT」を行う場所は、相談室など、保育を意識しない空間で行えるよう配慮しました。

　「TT」は主に子どもたちの午睡中に行い、時間は30分～1時間程度としました。話し足りない、満足した、などの意見もありましたが、各々の業務に差し支えない範囲で行えるよう任せました。

TTカード

## ④「TT」の内容

　以下のような内容で開催しました。

第1回　マインドマップ作成

> 用意する物：画用紙・12色のカラーマジック
> ①「好きなこと」または「ちいさな家」をテーマに、マインドマップを書く。
> ②描き終えたら、お互いのマインドマップを見ながら感じたことをおしゃべりする。
> ③お互いのマインドマップについての感想や「TT」をやってみてペアの相手に伝えたいメッセージを書いた付箋をマップに貼る。
> ④ペアとともにマインドマップを提出する。
>
> テーマ「好きなこと」の感想
> ・Aさんと自分が似ているところ、真逆なところ、色々なお話ができて楽しい時間でした。TTでゆっくりお話しできると、お互いのお家のことも知ることができて新鮮でした。

### One Point Advice

新しい取り組みを始めた直後は、アンケートやインタビュー、観察などを通して、その影響やメリット・デメリットを把握することで、やり方を軌道修正することができます。

### Good Point

マンツーマンでの指導は、「指導する―指導される」という一方的な関係になりがちです。そのため、ある程度時間の過ごし方などについて枠組みを提示した方がうまくいきます。

### 用語解説

**マインドマップ**
中心のキーワードから関連する言葉をつなげ、広げていく思考法です。

・お花を買ったり見たりすることや、カフェでまったりすることが好きという
　Bさんの新しい一面を知ることができてよい機会でした。お花屋さんに行く
　と季節のお花を感じることができると聞いて、私もお花屋さんに行ってみよ
　うと思いました。

**テーマ「ちいさな家」の感想より**

・色々な視点から広げていくことで、改めて「ちいさな家」の素敵なところに
　気がついたり、課題も見えてきました。

・自分の職場のことだけれど、難しくて意外と言葉が浮かんできませんでした。
　でも、話してみると職員についての話題が多いと気づきました。

・人を大切にしてくれる、大人の気持ちも大事にしてくれると感じました。

・准職員の方もTTをできるとよいかもしれません。

マインドマップを作成中

テーマ「好きなこと」のマインドマップ

OJTの基本は、信頼関係づくり
です。信頼関係があると、どん
なことでも気軽に相談すること
ができます。そのため、相互理
解を促進するようなワークを取
り入れています。

## 第2回　「おにぎりトランプ」で話そう

用意する物：おにぎりトランプ
①おにぎりトランプの説明を受ける。
②ご当地おにぎりを並べながら話をする。
③ペアでどのゲームを行うのか決めて行う。
④ペアで一緒におにぎりトランプを返却する。

**「おにぎりトランプ」の感想より**

・自分の出身地や修学旅行の思い出話などになり、お互いのことを知るきっか
　けになりました。

・駆け引きを通して相手の内面を垣間見ることができ、勝負に対する考え方を
　感じることができました。

おにぎりトランプの様子

※おにぎりトランプとは、カードの柄
がすべて異なるおにぎり型のトラン
プ。通常のトランプとして使えるほ
か、いくつかのオリジナルゲームが
楽しめる。

## 第3回　「ちょこっとチャット」で自分を語ろう

用意する物：「ちょこっとチャット！」100枚の中から、TTで話しやすい内容の
カードをあらかじめ20枚ほどを選んで用意する。質問の意図を探る不安を抱か
ずに済むよう、あえて企業の研修や教育現場等でも用いられる既製品を使用した。

ちょこっとチャットの様子

① 「ちょこっとチャット」のやり方を書いたメモをペアに渡して進行する。
②カードの文例
・「(　　　）のときに幸せだな〜と感じます」
・「あなたがちょっと自慢できることはなんですか」

「ちょこっとチャット」の感想より
・「対人関係が苦手だなと思う時」のカードで、毎日いろいろな保護者や職員と関わり続けている私たち。すごい!!えらい!!と思いました。
・「今の職場に就職することを決めた理由」カードでは、このようなことを聞く機会はなかなかないので、他の職員にも聞いてみたいと思いました。
・普段あまり考えないことを考え、言葉にしたので、自分自身のことを振り返る機会になりました。
・ペアの話を聞けて興味深かったです。

### 第4回　新しい職員を迎えるなかで大切にしたいこと

新しい職員を迎えるなかで大切にしたいこと

用意する物：色画用紙、付箋
① 「好きなこと」または「ちいさな家」をテーマに、マインドマップを書く。
②書き終えたら、お互いのマインドマップを見ながら感じたことをおしゃべりする。
③お互いのマインドマップについての感想や「TT」をやってみてペアの相手に伝えたいメッセージを書いた付箋をマップに貼る。
④ペアとともにマインドマップを提出する。

感想より
・新入職員を迎えるにあたり、自分の考えを「TT」で話しながらまとめられた。
・自分がこれまでしていただいてうれしかったことを、生かしていきたいと思った。

Good Point

職員間のコミュニケーションや、お互いに肯定的なまなざしを向けるなど、「TT」で体感したことが、今後の新人育成にも反映されることが予想できます。

## 5 「TT」を経験した感想

　職員からは感想として、「ペアの趣味を身近な職員との会話につなげることで、日頃関わり合うことが少ない職員に話しかけやすくなった」「それぞれの考え方を知り、会議の場で自分が意見を言っても大丈夫だという安心感をもって発言できるようになった」「さまざまな職員と『TT』をやってみたい」「自分のペアに抱いた親しみを周りの職員とも共感したい気持ちがふくらんだ」「職種が違うので、お互いの業務の内容を知る機会にもなり、ペアへの親近感がわいた」「こんなのこと言っても大丈夫かな？　という不安もなく、思いを話すことができた」などの感想がありました。

One Point Advice

組織・チームのなかに一人でも親しみを感じる他者がいることで、組織・チーム全体に対する仲間意識や所属感が生まれ、コミュニケーションが活性化することが期待できます。

## 6 「TT」を振り返って

　当園の建物の構造は、1階、2階、調理室、別棟と分かれているため、「TT」が会話をする機会の少ない職員同士が話をするきっかけとなりました。また、保育者としての顔ではないお互いの顔を見せ合ったことで、保育で必要なときに声をかけやすい関係性の根を張ることができました。そして、他の職員とのコミュニケーションが増えるにつれ、それぞれの安心感が増しており、その心のゆとりが、お互いを気にかける姿や園に来る実習生への眼差しや指導に表れていると感じます。

　課題は、「TT」のメンバー以外の職員への説明が不十分にであったことです。プライバシーにかかわる事柄もあり、具体的内容について触れにくく、「TT」のメリットが園内で伝えきれなかったことに難しさを感じています。

## 7 今後に向けて

　手探りで始めたこともあり、明確な成果は語ることができませんが、一見他愛のないと感じられるおしゃべりを意図ある課題やテーマと向き合って行うことで、安心して自己理解や自己表現をすることができる時間が「TT」なのではないかと思います。そして、日々の保育や会議の場でも自分の思いを安心して言葉にできるような職場環境につなげていきたいです。

## 8 最後に

　バオバブ保育の会の保育目標は、「子どもたちが、①自分を大切に思える人、②柔らかに開かれた心を持ち、様々な人と共に生きていける人に育ってくれることを願い保護者と共に子育てをすすめる」です。職員も、園の中で自分自身を大切な存在であると感じ、ともに保育を紡ぐ同僚一人ひとりをお互いに大切に思う気持ちを育んでいけるような園にしていきたいです。

園　名：社会福祉法人バオバブ保育の会　バオバブちいさな家保育園
所在地：東京都多摩市
定　員：80名

## フリートークタイムで話しやすい土壌づくり

「ジャンケンで勝った人から話そう!」0・1歳児クラスは二人組で話す

### 事例紹介

OJTはマンツーマンで行うものだけではありません。日々の保育を組織・チームで対話を通して省察することで、多様な気づきや学びが生まれ、保育者の専門性の向上が期待できます。また、新人保育者の育成だけではなく、リーダー層がリーダーシップを身につけるためにOJTを実施することの大切さが理解できる事例です。

## 1 フリートークタイムの始まり

　当園では、3・4・5歳児クラスの保育において、「サークルタイム」を設けています。「サークルタイム」とは、午前中にさまざまな場所で遊んだ子どもたちが昼食前に輪になって集まり、「今日はこんな面白いことがあったよ」とか「こんなことがあって困ったのだけれど、どうしたらいいかな？」「明日はこうしてみたいな」という対話や報告、相談の時間です。

　保育者間でも、子どもたちと同じように「対話」を大切にしていこうと、午睡時間に毎日、全クラス30分程度のミーティングを行っています。当初、0〜5歳児クラスに一人ずつ配置されたリーダー保育者は、子どもの育ちを皆で考え、語り合う「対話」の促進によって、それぞれのよさを発揮できる風通しのよい職場になるのではないかと考えていました。しかしその時間は、「対話」というよりも、司会進行役のリーダー保育者がクラスの皆に意見を求めると誰か一人が話すだけだったり、伝達事項や行事の打ち合わせで終わってしまうような状況でした。

　そこで、リーダーが相談して2022年4月から1年間、毎日のミーティングとは別に「フリートークタイム」という時間を設けてみることにしました。クラスごとに、リーダーが設定したテーマをもとに保育を語る、ときには保育とは関係のない自分たちのことを自由に話せる場としました。そして、リーダーがファシリテーターとして、よりよい話し合いの場を模索していくことになったのです。

## 2 フリートークタイムの内容

　0・1歳児クラス（リーダー保育者3名、担当保育者7名の計10名）は保育者の人数が多いので、1つのテーマを2〜3人の組になって話しました。このクラスは、1年目〜2年目の経験の浅い保育者も多かったので、テーマは、その日の保育で嬉しかったことや、それぞれが今感じていることとして、できるだけ皆が話しやすいような内容にしました。

　また、話し合いの前に、ジャンケンで勝ったほうが話し役、負けたほうが聞き役になることを決め、「最近、推しのコンサートに行って楽しかった！」「保護者に笑顔が素敵って言われて嬉しかった」など、保育に関する話だけではなく、プライベートな内容も話しました。

**One Point Advice**

保育現場は毎日忙しいですが、書類作成や雑務などの業務の効率化を図り、対話の時間を確保する必要があります。まずは一日5分からでもよいので、対話をする機会をつくりましょう。

**Good Point**

リーダー層は「子どもの育ちを皆で考えたい」という思いを持ち続けていました。そこで、新たな取り組みがきっかけとなり一気に変化につながったのだと思います。

**Good Point**

あらかじめテーマが決まっているミーティングでは、メンバーはリーダーが期待する意見やアイデアを出そうとしますが、フリートークではより自由な発言が期待できます。

**One Point Advice**

話し役、聞き役という役割を与えることにより、それぞれ「よりよい伝え方」や、「よりよい聞き方」を模索しながら話し合いをすることができ、対話の練習になります。

2歳児クラス（リーダー保育者1名、担当保育者4名の計5名）は、経験年数の長い保育者が多く、自分たちの保育を自分の言葉で語れるようになりたいという思いが強かったので、園のパンフレットを見ながら、その日の子どもの姿を園の理念と関連づけて振り返る内容を多く取り上げました。まずは、その日の子どもの姿で心に響いた内容を各自で付箋に記し、理念として記されている「主体性・多様性・創造性」のどの部分にあたるか分

2歳児クラスは園のパンフレットに書かれた理念をもとに

子どもの姿は、理念からすると…

「主体的」の意味が難しいね

私だったらこう考えるかな

なるほど〜

○○ちゃんの思いが写真から伝わってくるね

3・4・5歳児クラスは成長記録「あしあと」を見ながら意見交換

類してみます。次に気になった項目を具体的に話していきました。たとえば、以下のような内容です。

「今日、○○ちゃんがおもちゃを貸したくないと泣いていたけど、あれは主体的な行為ではあるよね。でも、じゃあ、私たちはどんなふうにかかわればよかったのかな？　おもちゃを使いたかった相手の存在も大切だよね」「△△ちゃんは、『どうしたい？』と聞くと、『わからない』と答えるよね」「△△ちゃんの主体性ってどういうことかな？」……。

このように、主体性という言葉一つをとっても、子どもの姿に当てはめて考えると、見方が広がったり、新たな気づきや疑問が出てきたりしました。理念を説明するときには難しさにも直面し、ときには話し合いが行き

Good Point

園の保育理念とは、自分たちの保育の方向性を示すものですが、理念と自分たちの保育実践を照らし合わせ、具体的なエピソードと結びつけながら理解を深めています。

詰まってしまうこともありました。

　3・4・5歳児クラス（リーダー保育者2名、担当保育者7名の計9名）は、毎日保護者に配信している子どもの写真と保育者の思いを綴った「あしあと」を活用しました。「このときのこと、もっと詳しく教えて」「この捉え方がいいね」「私だったら子どもの姿をこんなふうにも考えるなあ」など、意見交換をすることで、保育のなかで大事にしているお互いの考えを知る機会になりました。それによって自分が感じていた子どもへの見方が広がり、明日の保育ではこの子にこんなふうにかかわってみようと保育が変わるきっかけも生まれました。

保護者に掲示・配信している「あしあと」

## 3 リーダーたちの悩み

　「フリートークタイム」をはじめて半年ほど経過した頃、ファシリテーターとして話し合いを進めてきたリーダーたちに悩みが生じはじめました。フリートークタイムの間は、他のクラスの保育者に保育に入ってもらい、なんとか時間を捻出していましたが、次第に行事や保育者の夏休み等で、時間の確保が難しくなってしまったり「どうせならこの時間に行事の打ち合わせをしてしまおう」などと、保育方法を表面的に考えがちになってしまいました。

　また、司会進行役であるリーダーが、最も悩んだのは、「いろいろな意見が出てくると、最後に自分がそれをまとめて答えを出そうとしてしまう。それによってこの時間が重苦しいものになっているのではないか。だからなかなか集まろうとしないし、会話が弾まないのかもしれない」というものでした。

　そこで、これまでリーダーを見守っていた園長と主任が、そもそも何のためにフリートークタイムを行うことにしたのか、原点に立ち返ってみたらどうだろうと提案し、再度、この時間の意義と進め方を考えることにしました。

　そこで出されたさまざまな意見をまとめていくと、少しずつ共通の悩みやお互いに協力し合えるような解決策も見えてきました。ファシリテー

**Good Point**

「私だったら……」という伝え方は、批判や否定ではなく、建設的な意見として受け取ることができます。自然な形でお互いにフィードバックを行い、気づきを得ています。

**One Point Advice**

新しい取り組みが定着してくると、もともとの目的を達成できなくなることがあります。その場合は目的に立ち戻り、その目的を達成するための効果的な方法を模索しましょう。

**Good Point**

園長と主任が解決策を一方的に与えるのではなく、リーダー層とともに悩み考えることで、リーダー層に組織・チームの課題を解決していく力が養われます。

として技術的に未熟な部分も明らかになり、進行手法や心得などを専門的に学ぶ機会をつくることにしました。

　一方で、クラス内の保育者にも半年間行ったフリートークタイムについてどのように感じているか聞いてみました。すると、リーダーの悩みとは裏腹に「とてもよい時間だった」「さまざまな気づきを得ることができ明日の保育が楽しみになった」「保育中はなかなか話すタイミングがないので、このような時間が大切だと思う」「コミュニケーションをとれているつもりだった相手が、実は保育の中で自分と違うことを大事にしていることに気がついた」という前向きな意見が多く出てきました。会議をうまく進行できていないと悩んでいたリーダーにとっても、さまざまな不安が払拭されました。

　それからは、解決策をもとに時間内に多くの人が意見を出せるようタイ

リーダーの悩みとリーダー同士で出し合った解決策

| フリートークの時間が確保しづらい |  | 毎日開催している20分のミーティング時間のなかにフリートークを組み込んでいったらどうか？　タイムキーパーの存在も必要 |
| --- | --- | --- |
| 時間になっても職員が集まらない | | 話したい！と思えるようにどんなテーマで話したいか職員にも聞いてみよう。話しやすいようにクラスの枠を越えて経験年数別に行う機会もつくってみよう。子どもから離れて居心地のよい場所に変えてみることも |
| テーマとする内容に悩む | | 解決策を出す必要のあるテーマと、語り合うことを目的とする雑談的な内容とを分けて考えよう。内容によっては、継続的に行うことや、違う場（全体会議など）で行うことも検討しよう |
| 司会の自分が答えを出そうとして重苦しい空気になってしまう | | 司会役を変えたり、もっと進行技術や傾聴技術を学ぶことも必要 |

ムキーパー役をつくったり、解決策を出す必要のある話し合いなのか、意見を出し合うことが目的の話し合いなのか、会議のゴールを明確にしたり、クラスの枠を超えて他クラスのリーダーがフリートークの進行役になるなど、フリートークタイムを改善していきました。

## ④ リーダーの成長と園全体の変化

　秋になり、フリートークタイムの回数は減ってしまいましたが、リーダーの行動や園全体の雰囲気は確実に変わっていきました。たとえば、フリートークの時間がなくても、午睡時のクラスミーティングの際に1年目の保育者に悩みを相談されたリーダー保育者が「今日は10分間〇〇さんの悩みについて皆で話そう」ともちかけてアイデアを出し合っている様子がありました。

　また、食事の時間に落ち着かないというクラスの問題に対してリーダー同士で語り合った後、それぞれのクラスで相談し、他クラスの保育者がそのクラスに入って保育をしてみることになりました。このように問題が発生したときや相談事を受けた際に、以前だったらリーダーが自分でなんとかアドバイスをしなくてはと答えを出し、クラスの問題はクラス内で解決するか主任や園長に相談し判断を仰ぐことが多かったのですが、フリートークタイムに取り組んだことで、リーダーの気負いのようなものがなくなり、皆で話し合うこと、さまざまな人の意見を聞く大切さを実感したのだと思います。

　これは、子どもたちとの対話や保護者とのかかわりでも同じでした。その証拠に子どもへの声かけや保護者の話の聴き方が変わってきました。そして、自分たちが理想とする風通しのよい職場に近づいている感覚がリーダーの自信とやりがいにつながっているように見えました。園全体でもそのようなリーダーのもとで保育者たちが安心して意見を言うことができ、皆で保育を考え、つくっていこうという雰囲気と課題意識の高まりを感じています。

園　名：社会福祉法人ル・プリ　かさまの杜保育園
所在地：神奈川県横浜市
定　員：120名

# スキルアップシートを使って後輩保育者を支援する

ミドルリーダーによる話し合いの様子

**事例紹介**

OJTにおいて、先輩保育者やリーダー層の保育者が伴走者となることで、後輩保育者の成長・変化が促進されます。この事例では、一人ひとりの職員の個性を活かしたOJTの方法や、よりよいリーダーシップ育成方法について、模索することの大切さがわかります。また、OJTにおける具体的な伴走方法について理解することができます。

# 1 スキルアップシートを用いた伴走型OJT

当園では、5年前まで人材育成のしくみとしてメンター・メンティ制度を導入していました。これは、日常的な業務に加え、保育の計画や実践においても先輩保育者が後輩保育者の指導を行う制度で、先輩保育者の姿を「見て覚える」という従来型の指導ではなく、先輩保育者が後輩保育者に寄り添い、相談相手となるものです。先輩保育者は、定期的に後輩保育者と面談を行い、信頼関係を築いていました。社会人として組織の一員になった新人や若手保育者にとって、プライベートも含めた悩みを聞いてもらえる先輩保育者の存在は心強く、メンタル面での支えとなっていました。

しかし、この制度にも課題がありました。新人保育者の性格などがわからない時点でメンター（指導者）を決めるため、ミスマッチが起きていました。同じクラスの担任になっても相性が合わない場合、信頼関係が築けないまま一年が終わることもありました。反対に、気が合うことで慣れあいや業務への手抜き、本来指導しなければならないことが行われていないなどの事態も起こっていました。その原因の一つとして、専門的なトレーニングを行わないままこの制度を導入したことで、先輩保育者の個人の性格や経験値、個性に頼り、目的やねらいが曖昧な指導になってしまっていたことが挙げられます。

原因を精査したのち、「スキルアップシート」を用いたOJTに人材育成のしくみを変更しました。すべての保育者は、年度初めに個人のスキルアップの目標や達成、比重などをスキルアップシートに記入し、先輩保育者が後輩保育者が立てたスキルアップの目標に向けて寄り添う伴走型のしくみを取り入れました。

ミドルリーダー研修で使用するスキルアップシート

先輩保育者となるミドルリーダーは7名です（乳児主任1名、幼児主任1名、担任保育者5名）。ミドルリーダーは、2〜3名の後輩のスキルアップの伴走者として年間を通してOJTを行っていきます。

**用語解説**

**メンター・メンティ制度**
先輩職員（メンター）が、後輩職員（メンティ）に対して、傾聴を基本とした個別支援活動です。事例では、さらに仕事の進め方についての指導も行っています。

Good Point

スキルアップシートを用いることで、OJTの目的や方向性を共有しています。また、後輩保育者が自分で目標を設定し、それを先輩保育者が支援するという形になっています。

| ミドルリーダーのOJTの年間の流れ | |
|---|---|
| 4月～5月 | スキルアップの目標を立てる |
| | ①スキルアップ項目、②達成目標、③達成方法の3項目を決める |
| 10月～11月 | 自己評価となる中間振り返りを行う |
| 翌年3月 | 評価および次年度への目標へのサポートを行う |

## 2 変化に気づき寄り添う

**Good Point**

先輩保育者が、まずは後輩保育者を理解することから指導を始めています。OJTにおいては、このように自分のことを理解しようと努めてくれる伴走者が必要です。

　担当する保育者は、できるだけ日ごろ一緒に職務を行っている保育者にするようにしています。また、例えば「ピアノのスキルを上げたい」という目標をもった後輩保育者への指導の第一歩は、「なぜピアノが弾けるようになりたいのか？」という理由や動機を尋ねることから始めます。「子どもに楽しく季節の歌を歌えるようになってほしい」「ピアノで伴奏すればたくさんの歌を楽しみながら歌えると思う」と後輩保育者から引き出し、言語化させるようにします。そして、その目標を叶えるには、どのようなステップで実行していくかを後輩保育者が自ら考えられるようにファシリテートしながら整理させます。そして、その方法は実現可能かどうかをともに考え、実現するための方法をアドバイスしていきます。熱意や願いがあっても、目標設定が高く、短期（1年間）で実現できないと考えられるケースの場合は、目標設定を下げてみたり、長期的な計画に変更する場合もあります。

**One Point Advice**

目標設定においては、具体的な行動変容を目指す「具体性」や、達成可能かどうかという「実現可能性」、そして自分で選択し自己決定したという「主体性」などを吟味することが大切です。

　このケースでは、年間を通して弾けるようになりたい曲の数（季節ごとに1曲、4曲以上など）や練習方法（週に○時間練習する）、練習場所（自宅または園にて）、楽譜選び（初級・中級・上級）、発表の機会を設ける（先輩に聴いてもらう、保育のなかで実施する）ことを目標達成のためのステップとして設定しました。このようにミドルリーダーは、後輩保育者の願いに寄り添い、主体的に実行していく姿を見守り、導いていく存在であり、その過程はミドルリーダーの人材育成にも直結しています。

　なお、能力に対して目標値が低く、短期間で達成できてしまうケースや、達成方法が具体性に欠け、取り組みにくいケースの場合、中間チェックの際に目標や達成方法の変更などを話し合って決めます。

　年度末に達成度合いを振り返り、次年度に向けて目標を継続（さらなる

スキルアップ）するのか、今後、どういった仕事をしていきたいかを一緒に考えていきます。さらに、ミドルリーダーは、日々の保育における疑問や葛藤（保育が計画通りに進まない、子どもが話を聞いてくれない、優先順位の高い仕事がわからない、子どもの意見に応えてあげられなかった等）を聞き出し、ともに悩みを共有するパートナーとしての役割も担います。そのためには後輩を見守り、「気づける距離」を意識します。

　ミドルリーダーの動きは以下の通りです。

後輩保育者と先輩保育者との面談の様子

---

**3月**　指導する後輩保育者を決める。年次、クラスのポジションにより、2名～3名の担当を受けもつ。ミドルリーダー同士で担当した後輩のスキルアップの項目や達成度合い、次年度に向けての意欲などを共有する。

**4月**　担当する新人保育者へのサポート、指導を開始する。「新人さんいらしゃいシート」を使って業務の基本的なルール等の伝達を直接指導する。その際にスキルアップシートのしくみも伝える。

**4月～5月**　園内のできる静かな場所でスキルアップ面談を行う。就業時間内にノンコンタクトタイムを確保し、約1～2時間、すべての保育者が期間内に面談できるよう、面談スケジュールを作成しておく。面談は後輩保育者が作成したスキルアップシートをもとに進める。

**10月**　中間振り返りまでに各項目のスキルアップをサポートしていく。また、日々の業務におけるOJTは継続して行う。この時期は、後輩保育者の意欲を最優先し業務を任せていくようにする。失敗する場合もあるが、その際はなぜ失敗してしまったのかを後輩保育者とともに振り返り、意欲をもって挑戦したこと自体を認める。

**3月**　一年間のスキルアップを可視化し、自己評価を行い、それをもとに面談を行う。ミドルリーダーは、目標設定に対してどの程度実行できたか、実行できなかったのはなぜか、達成方法は実行できていたのかをヒアリングしながら自己分析できるようにファシリテートしていく。ミドルリーダーは後輩保育者自身が精査した自己分析をもとに自己評価を行い、次年度の目標や期待を伝える。

---

**One Point Advice**

先輩保育者はOJTによる後輩保育者の成長という成果に固執するのではなく、これまでをともに振り返り、今いる場所を確認し合い、今後についてともに考え続けることが大切です。

**Good Point**

人が成長・変化するときには、感情が動きます。先輩保育者は、後輩保育者の話の内容だけではなく、感情を理解しようとする姿勢があります。

## 3 各キャリアパスにおけるOJT

　後輩保育者は、年度初めに前年度の振り返りをもとに記入したスキルアップシートを先輩保育者に提出しますが、この時点で達成方法や比重は記入されていなくても構いません。先輩保育者は記入された項目が本人のスキルアップにつながる項目であるか、周囲の期待するものであるかを事前に精査してから面談を始めます。面談では常に本人の意思を尊重し、なぜこの目標にしたのかを聞き取ります。苦手分野を克服したいという意志をもっ

色あそびをする園児たち。子どもとのかかわり方もOJTの面談で相談できる

ている場合、達成方法を綿密に決めていきます。取り組みを定期的にチェックする方法を提案したり、先輩保育者と一緒にチェックする時間を計画的に確保するなどのサポートを行います。保育実践のなかでもスキルアップ目標が実践できるような機会を多くもてるよう話し合って決めます。

中間チェックの際は、半期の振り返りを行い、自己評価を促す問いかけを行います。すでに目標が達成されている項目は、実施項目ごとの配分について見直しを行ったり、新たなスキルアップ項目を設定するなどの提案を行っていきます。

そして、3月に一年間の成果を振り返る面談を行います。後輩保育者が記入した一年間の振り返りをもとに、計画的にスキルアップが行えた理由、スキルアップしたと実感できた場面や気づき、スキルアップを行ううえでの困難、その困難をどのように克服したのか、など自分の言葉で表現するように導いていきます。このように自己評価を行いながら次年度の目標をイメージできるようサポートしています。

先輩保育者であるミドルリーダーの指導は、管理職（園長、主任）が行います。管理職はミドルリーダーが担当するスキルアップサポートやOJTの成果や悩みに寄り添うこととともに、ミドルリーダー自身のスキルアップをサポートします。ミドルリーダーのスキルアップの目標設定には必ずマネジメントの項目を必須としています。マネジメントの項目では具体的な目標を設定し、後輩保育者一人ひとりに即した人材育成を考えていけるようにサポートします。内容は後輩保育者の人材育成で大切にしている事項、設定した目標達成のために行ったプロセス、人材育成での悩みなどで、相談しながら決めていきます。経験年数や得意不得意、性格、相性など、課題は多くありますが、ミドルリーダーの専門性を高めていけるように人材育成や、社会情勢、地域貢献など多角的な方向へ興味をもてるように話を進めます。ミドルリーダー自身の気づきを認め、失敗してもやり直せるように管理職が常に肯定的に見守る姿勢をとります。

Good Point

ミドルリーダーに任せきりにするのではなく、適切なリーダーシップが身につけられるように、管理職層がサポートをしています。

Good Point

管理者層が肯定的にミドルリーダーを見守ることで、ミドルリーダーは安心して挑戦し、失敗からも多くを学び糧とすることができています。

## 4 OJTのしくみづくり

　現在のスキルアップシート、面談記録は園の共有フォルダに単年度ごとに格納し、誰でも閲覧できるようにしています。しかし、「スキルアップシート」は単年度の記録シートのため、個人別記録としてのキャリアパスの歴史にはなり得ていません。入職後の記録としてファイルすることで、キャリアパスとしての根拠となり、人事考課の参考となるのではないかと考えています。保育者が次のステージとしてミドルリーダー、主任、園長を目指す際に、自らのスキルアップの経験をマネジメント能力に活かし、着実に園の力に結び付くことを望んでいます。

　ミドルリーダーになったばかりの保育者は、先輩保育者が担当する保育者のスキルアップシート、面談記録を見ることでファシリテートの実際を知ることができますが、相性や特性を加味したスキルまでは習得できません。一人ひとりの目標やその達成方法は多様で、自分が担当する後輩保育者の指導に直接結びつけることは難しいものです。

　今後の取り組みとして、ミドルリーダー自身のスキルアップ（ファシリテート、マネジメント）に重点を置いていきます。プレイングマネージャーとしてのスキルとはどのようなものか、トライアル・アンド・エラーを続けながら、自らも成長し続けること自体が人材育成となるようなしくみづくりと取り組みが必要だと考えています。

**One Point Advice**

リーダー層に求められる役割はさまざまですが、リーダーにも個性があり、その個性を生かしたリーダーシップを身につけ発揮していくことをよしとする風土があることが大切です。

保育者同士の肯定的なものの見方は子どもへのまなざしにつながる

園　名：社会福祉法人種の会　世田谷はっと保育園
所在地：東京都世田谷区
定　員：153名

## リバースメンターシップ体験とメンターセッション

若手職員から園長、主幹級へのリバースメンターシップ体験の様子

### 事例紹介

参加・対話型の研修や会議は、人と人とのコミュニケーションが基盤となります。活発な
コミュニケーションのためには、まずはリーダー層が相手にとって心地よい聴き方を学ぶ
ことが大切です。各層の職員が、それぞれ組織・チームのなかで求められる役割を、体
験を通して身につけていく機会を保障している事例です。

当園で行っているリバースメンターシップ体験とメンターセッションについて紹介します。

## 1 リバースメンターシップ体験開催の様子

従来からあるメンター制度では、年長者やベテラン、役職者がメンター（指導者・助言者）となり、メンティー（若手・初任職員）に、公私に渡る支援を行います。リバースメンターシップは、若手・初任職員がメンターとなり、先輩や上司に助言などを行う、逆方向の支援です。当園では、階層別園内研修のグループⅢ・Ⅳ（表参照）の後期の取り組みとして、「リバースメンターシップ体験」を位置づけています。ファシリテーションの基礎を学んだ後に、その演習として園長～副主幹のリーダー・サブリーダー層へのレクチャーを経験します。

**メンター制度**

メンター制度とは、豊富な知識と職業経験を有した先輩職員（メンター）が、後輩職員（メンティ）に対して行う個別支援活動です。事例では、その役割を反転（リバース）しています。

グループワークに対して、抵抗を感じる職員もいます。そのため、グループワークの目的と効果について、職員と共有をしておくことが大切です。

【階層別園内研修の概要】

| グループ | Ⅰ | Ⅱ | Ⅲ・Ⅳ | リーダー | パートⅠ・Ⅱ |
|---|---|---|---|---|---|
| 主なメンバー | 初任者～おおよそ3年目まで | おおよそ5年目まで | 経験年数5年以上 | 主幹保育教諭・副主幹保育教諭 | 短時間勤務の職員 |
| 共通する内容 | 子どもの人権擁護、パワーハラスメント防止、カスタマーハラスメント対応 | | | | |
| グループごとの主な内容 | 保育記録の基礎、ドキュメンテーションの基礎 | ドキュメンテーションの応用、ファシリテーションの初歩 | ファシリテーションの基礎、リバースメンターシップの体験 | ファシリテーションの応用、業務の見直し・再構築 | 業務の見直し・再構築、多様な働き方を支える職場づくり |

自身が受講した研修や、書籍など通じて学んだ事柄について、上司・先輩にレクチャーし、質疑や感想などのフィードバックを受けます。その主な目的は次の通りです。
①他者に説明するための準備として、習得した知識・技術等を振り返ることによって理解を深め、定着を図る。
②質問に答えたり、感想を受けることを通じて、自身とは異なる視点・感性に気づき、知識・技術を俯瞰的に捉え直す契機を得る。
③ファシリテーションの基礎として学んだ、プレゼンスのコントロールや

**プレゼンス**

存在感や物腰のこと。ここでは「その人から場に放たれる影響力」の意味です。レクチャーの内容・題材に応じて、服装や参加者に対する立ち位置、表情や声の大きさ・高さなどを調整することが大切です。

インストラクションの工夫を実践し、その効果を実感する。

④リーダー層は若手職員からレクチャーを受ける経験を通じて、若手職員は自身が教示した内容を肯定的に受容される体験を通じて、相互に心理的安全性の基盤をつくる。

安心して参加できる環境づくりという視点からは、特に④が重視されます。

## 2 リバースメンターシップ体験の工夫点

階層別園内研修の一部という位置づけで、グループ構成は前掲の表の通りです。勤務形態・経験年数・職階をもとにグループ分けを行う理由は、共通の課題をもつメンバーで効率的な学びを重ねることを重視しているからです。

表のうち、リバースメンターシップを体験するのは、グループⅢ・Ⅳに所属するメンバーで、時期は年度後期です。初任から5年目程度まではグループⅠ・Ⅱに所属し、保育記録やドキュメンテーション、ファシリテーションの基礎を学んだメンバーが対象になります。

具体的な取り組みは、次に示す3つのステップで進められます。

①研修講師を務める園長、副園長がまず模擬レクチャーを行い、構成のヒントを提供する。

②「好きな絵本」「私の趣味・特技」など、身近で心理的ハードルの低いテーマで、練習としてのミニレクチャーに取り組む。

③本格的なレクチャーを行う。

安心して取り組めるように、十分な準備期間をとれるような配慮も重要です。

リーダー層を前にレクチャーに取り組む若手職員

## 3 リバースメンターシップ体験の保育リーダーの動き

通常はファシリテーターを務めたり、講評を行う立場のリーダー層も、リバースメンターシップ体験においては、受講生役に専心します。「あなたの話に興味をもっていますよ」と表情や姿勢、相づち、肯きなどを示しながら聴くことを心掛けます。

毎回事前に確認するリーダー層の約束ごとは次の2点です。

①質疑の際は、講師役を務める若手職員の理解を深めたり、気づきを促すことを念頭におく

②達成感を引き出し、心理的安全性の基盤づくりとなるように、エンカレッジ（勇気づけ）の意識をもつ

## ４ リバースメンターシップ体験のファシリテーションの実際

　若手職員は、ファシリテーションの初歩・基礎を学ぶ過程で身につけた、プレゼンスの配慮やインストラクションの工夫を実践することを主な目的としています。受講生役のリーダー層は、若手が安心してチャレンジできるように受容的な態度でうなずいたり、積極的な発言を促すような質問を心掛けます。

## ５ メンターセッション開催の様子

　当園では、活発で実効性の高い議論・対話が成立する組織の基盤づくりを目的として、職員の関係づくりを支援するために、日常的な会話を下支えする取り組みとしてメンターセッションを開催しています。メンターセッションは、職員を7〜8グループ（1グループ5〜6人）に分け、2か月に1回程度、就業時間中に1時間、自由にグループごとで過ごしてよい時間を保障する取り組みです。

　内容は全くの自由で、計画や結果を園長に報告する必要もありませんが、以下のような取り組みになることが多いようです。

○楽しみながら自己開示できるようなゲーム

○企画・進行担当者の特技を活かしたレクチャー（ヨガ、ダンスの体験など）

○日常の保育に活かすことができる遊びの紹介

　会場も、室内に限定しておらず、園庭や園外に及ぶこともあります。

**One Point Advice**

グループサイズは目的に応じて柔軟に変えていきましょう。ただし、自分事として受け止め積極的に参加できるように、一つのグループは最大6人までにすることをおすすめします。

## ６ メンターセッションの工夫

　グループ構成は、年齢や経験年数、勤務形態、職種、当該年度の配置が

できるだけバラバラになるように工夫しています。これは日々の業務だけでは関係が深まりにくい年齢・経験年数が離れた職員同士、各クラスや給食室内にいるだけでは深く知り合うことが難しい職員同士に、互いの人となりを知り合ってほしいという願いから始まっています。日常会話を楽しんだり、気軽に相談し合える基本的な信頼関係を構築するための場を園の公の制度として保障しようというねらいがあります。

## 7 保育リーダーの動き（メンターセッション）

　各グループには、主幹、副主幹（当園ではサブリーダーの位置づけ）、ミドルリーダーが最低一人は振り分けられていますが、メンターセッション内でリーダーとして振る舞うことは求めていません。また、セッションの具体的な取り組みメンバーが持ち回りで企画・運営しますが、それを園長・副園長に報告する必要はありません。

　前述の通り、施設の運営に不可欠な「議論」・保育の実践に重要な位置を占める「対話」が成立する基盤としての「会話」の場づくりとしての取り組みですが、このメンターセッション単独でそれを試そうというものではありません。他の取り組みや、保育実践あるいは会議等と連動するなかで目的を果たすことを期待しています。リーダーの役割は、メンターセッションが、そうした他の取り組み等と乖離したものにならないよう配慮することが中心です。

## 8 ファシリテーションの実際（メンターセッション）

　職員間の関係構築を主目的とした取り組みであり、議論・対話の場ではないので、企画・運営の担当者にファシリテーションの実施を課してはいません。しかし、心理的安全性を担保したうえで活発な会話を促すために、アイスブレイクの活用やインストラクションの工夫など、ファシリテーションの基礎技術を用いています。

## 9 今後に向けて

　リバースメンターシップ体験は、まだ試行の段階です。最終的な目的は、

階層別園内研修で学んだファシリテーションの基礎を、懇談会等で保護者向けに実践することです。その練習の場として、リバースメンターシップ体験がふさわしいかどうかは、今後見直していくことになります。

　また、リーダー層が若手から学びを得る機会としては、従前の研修報告よりも一歩進んだものとして受け取られています。伝え方の工夫や、受け手の参加を促す構成は、リーダー層にも有意義な学びとなっています。現状の、若手→リーダー層という組み合わせ以外にも展開していく見通しです。

　メンターセッションが現在の形に落ち着くまでは紆余曲折がありました。取り組み当初は、年度を通したメンター・メンティーのペアを指名し、自発的に相談・支援を続けることを促しましたが、機能しませんでした。2～3のペアを組み合わせてグループをつくるようになってからも、園長、副園長が企画・進行を行っている間は、職員の主体的な取り組みにはならず、日常会話を楽しんだり、気軽に相談し合える基本的な信頼関係を構築するための場という目的を果たすには至りませんでした。

　リバースメンターシップ体験などにも並行して取り組んだことで、自己開示や意見表明に対する安心感が高まり、またファシリテーションの基礎的な知識を備えた職員が増えたことが、メンターセッションを機能させたと捉えています。

　今後は、園内ファシリテーターの育成もサブリーダー・ミドルリーダー層が担い、会話・対話が生じやすい風土・文化を醸成する意識をもてるような取り組みに昇華することを目指します。

　この二つの取り組みを通じて、出退勤時や休憩時間などにおける、職員間の自然な会話が増えました。会議・部会・研修報告などの公的な場以外でも、保育実践や環境構成などに関する情報交換やアイデア提供が豊かになったと感じています。

　実践においては、職員同士が自然に交流することが、子どもにも異年齢交流を促したり、子どもたちが調理員・用務員の仕事に興味をもつなどの好影響が生じています。

**One Point Advice**

多くの場合、一つの新たな取り組みだけで、期待した通りの成果が得られることはありません。色々と試しながら、自分たちの組織・チームにとっての最適な方法を模索する必要があります。

園　名：社会福祉法人柿ノ木会　幼保連携型認定こども園野中こども園
所在地：静岡県富士宮市
定　員：147名

## 映像を振り返り、指導を行う ビデオカンファレンス

子どもの映像を見ながら保育者が自由に語り合う

### 事例紹介

保育現場で行われるカンファレンスは、子ども理解を深めたり、保育者のかかわりや環境構成について振り返ることができ、保育者の専門性向上や、保育の質向上が期待できます。しかし、カンファレンスの方法について配慮や工夫が欠けてしまうと、成果を上げることはできません。こちらの事例を通して、より効果的なカンファレンスのあり方について考えてみましょう。

## 1 3歳未満児の担当制保育

　額小鳩こども園では、3歳未満児を対象に担当制保育を行っています。その目的は、園児と担当保育者の間に形成される愛着関係を基盤に、乳幼児期に身につけるべき生活習慣の獲得を着実に進め、子どもが安心できる環境のなかで主体的に周囲の人・物・事にはたらきかけること（遊び等）を通して発達に必要な学びを保障することです。

　このようなねらいに基づき、「丁寧な保育」の名のもとに、目の前の子どもの発達段階を踏まえたうえで、そのときどきの子ども一人ひとりの気持ちを受けとめ、それにふさわしい対応をする保育を心がけています。この「丁寧な保育」を行うには、保育者は2つの課題をクリアする必要があると考えます。

　1つ目の課題は、食事の援助のような毎日決まってくり返される保育の場面で、保育者が一定の決まった手順で行う援助行為を身につけたり、育ちに応じた遊びの種類や、必要な玩具とその提供方法などを学んだりすることです。これらは通常、文章化されたマニュアルに記されていて、いわば担当制保育の基本中の基本となるものです。

　このような基本を身につけたうえで、2つ目の課題は、子ども理解、特に子どもの内面の理解とそれへの向き合い方です。この部分が心を受け止める「丁寧な保育」の本領となるところです。子どもは発達段階や個性、日々の生活の場面等の条件によって、一人ひとり情緒や心情が異なります。日々の保育で保育者は、一人ひとりの子どもの様子と内面をその都度、瞬時に見極め、それに応じた適切な対応を判断し実行することが求められます。ここで要求されることは、マニュアル化できない、むしろマニュアルに示されたような決まった手順から逸脱する性質の、いわば暗黙知の領域です。これは初任保育者がぶつかる最初の壁であると同時に保育者の永遠の課題であり、当然、指導する立場の側もときに思い悩むところです。

　これらの課題の克服と保育の質向上を目的に、園では十数年前から保育の場面をビデオ撮影し、その映像を見ながら振り返りや指導を行う、ビデオカンファレンスを取り入れています。

新人保育者は、組織ごとにあらかじめ設定された業務標準を実行し、振り返りと改善をくり返すことで、少しずつ適切に業務を行えるようになっていきます。

マニュアルで対応できる部分は、第2章で紹介した「技術的問題」です。そして、決まった手順から逸脱した臨機応変に対応が求められる部分が「適応を要する課題」です。

## 2 ビデオカンファレンスの実際

　これら2つの課題の克服と保育の質向上のための振り返りを目的として、ビデオカンファレンスを各クラスで年3回程度行っています。0歳児クラスでは生活習慣を身につける「育児」の場面が中心で、1歳から2歳と年齢が高くなるにつれて「遊び」の場面の割合が増えていきます。撮影対象となる保育者は、経験年数や職位の上下にかかわらず、当該クラスの担当保育者全員です。話し合いは、お互いのビデオを見ながら気づいた点を中心に、一方的に何かができている・できていないといった評価に偏らず、子どもや保育に関するさまざまな視点で自由に語り合います。

　以下、カンファレンスのなかでよく取り上げられる話題について、具体的な話し合いの内容を概観します。

### ①子どもとかかわる基本的姿勢

　子どもの人格を尊重し、主体性の形成を促すことは、あらゆる保育の基本だと考えられています。例えば当園では、子どもに呼びかけるときは「○○さん」と敬称をつけて呼びかけ、移動の際に子どもと手をつなぐときは、保育者がこれからどこへ行くのかをあらかじめ子どもに告げてから、人差し指を出して子どもが自ら握るのを待つことになっています。このような子どもの意思を尊重し、確認する行為をいつでもどこでも徹底できているかを最優先に確認しています。

### ②育児の場面

　食事などの「育児」の場面の振り返りは、まずマニュアル等に示されている決まった手順が正しく行われているかどうかがポイントとなります。

　子どもが正しい姿勢でいすに座るために、床面の高さや背もたれの位置を調整する目的でバスマットを板状に加工したものを必要な枚数重ねて使っていますが、その枚数が適当かどうかや食事の援助をするために保育者が座る位置がふさわしいかどうかといった環境、子どもを食事に誘ったり、はたらきかけたりする際に事前に子どもの意思を確認したり、これから起こることを知らせるための言葉がけのタイミングが適切かどうか、あるいは子どもの意思に反して必要以上に食べさせようとしていないかなど、援助が適切かどうかを語り合います。また、離乳食を進めている時期は、その段階が子どもに合っているかどうかなども議論の対象になります。

　その他、食事の雰囲気が楽しく温かいものになっているかどうかや、好

**Good Point**

ビデオカンファレンスを通して保育を振り返ることで、さまざまな場面において、自分たちが保育において大切にしたいポイントが明確になり共有できています。

**One Point Advice**

「適応を要する課題」に関しては、正解を出そうとしたり、犯人探しをするのではなく、対話と実践を通して、子どもにとってのよりよい保育のあり方を模索することが大切です。

き嫌いやその日の気分によって食事が
進まないときなど、どのようなはたら
きかけをするべきか、もしくは、無理
に深追いせず食事を切り上げるべきか
など、個々の場面で子どもの主体性の
尊重をどのように図るかといった、一
律に判断するのが難しい点についても
意見を出し合います。

1歳児の食事の様子。スプーンで自立して食べられるようになっている

③遊びの場面

　当園では、子どもの月齢を目安にし
て、ふさわしい遊びの種類や必要な玩具、遊び方などがマニュアル化され
ています。そこで、まずは保育者が提供している遊びやその環境が子ども
の月齢に合っているかどうかが最初の議論のポイントになります。

　そのうえで、仮に発達段階に合った
ものであったとしても、遊びは本来、
子どもの興味や関心から自発的に営ま
れる行為ですから、保育者が子どもの
興味・関心を正しく見極められている
かどうかや、導入場面において子ども
が興味や関心をもつようなはたらきか
けができているかどうかがポイントと
なります。

遊びのマニュアル

　一旦、ある遊びが始まったとしても
その遊びが長続きしないことはよくあります。低年齢の子どもが一つの遊
びに長く集中しないことは珍しいことではありませんが、特定の遊びが継
続しない理由が年齢のせいなのか、環境や援助がふさわしくないせいなの
かはその都度判断が求められます。また、保育者がある遊びを展開させよ
うと一定の意図をもって提供した環境や玩具であっても、子どもがその意
図通りに遊んでくれるとは限りません。一見すると玩具が本来とは違う目
的に使われる場合もあります。その際に単純に正しい使い方に導けばよい
のか、子どもの意図や興味・関心を尊重して受け入れるべきかは、一つの
正解を出すのが難しく、意見の分かれるところです。

　さらに、室内の棚などに登ったりする行為は、ある時期の子どもによく

ビデオカンファレンスでは、複数
の保育者が同じ場面をくり返し
観察し、意見交換することを通
して、子どもの多様な見方や保
育者のかかわりの幅を広げるこ
とができます。

1歳児の遊びの様子。ピクニックにで出かけている?

見られる現象ですが、子どもの興味・関心を満たすという観点からすれば、そのような運動(発達)への欲求をどの場面・環境で満たすかなど、対応に工夫が求められるケースも、カンファレンスで話し合う大切なポイントです。

このように、日々の保育の課題を解決し、保育の質を高めるためには欠かせないビデオカンファレンスですが、自分の保育をビデオに撮られたり、それについて評価や意見をされることはあまり望まれることではありません。そこで、ビデオ撮影や話し合いの際に行っている工夫があります。

## 3 ビデオ撮影とカンファレンスの工夫

そもそも保育の様子を撮影するきっかけは、外部講師による園内研修でした。担当制保育を取り入れるにあたり、指導や助言を仰いでいた講師から、自分たちの保育をビデオ撮影し、振り返ることが有効だと助言されたのが契機でした。

しかし、いざ撮影するとなると解決すべき課題が見えてきました。何といっても、初任者は初任者なりに、ベテランや指導役の保育者はその立場なりに、それぞれのプライドがあります。自らの一挙手一投足をじっくりと撮影されるのはあまり気持ちのよいものではありません。そこで、保育者ではなく、子どもの姿を中心に撮影することにしました。この方法にしてよかった点は、話題の中心が子どもになったことです。さらに、本来のねらいである保育環境や保育者の援助については、ある程度映像から確認できることに加え、子どもの反応を観れば自ずと環境や保育者の援助がふさわしいものかどうかわかるため、一石二鳥の効果につながりました。

一方、いざ話し合いとなると、参加者それぞれの職位や保育者間の関係などが影響し、まんべんなく意見が出づらい場合も見られました。そこで、各自が付箋に意見を書き込んでから発表する形式にしました。もちろん、意見を考えること自体が難しく多少の偏りはありますが、とにかく内容にこだわらず1つでも2つでも意見を出し合うこと、かつ出た意見を批判しないこと等を申し合わせし、まず話し合いを継続することを優先してきました。

Good Point

カンファレンスは、まな板の上の鯉として、他の保育者からの批判にさらされることがあり、関係性の悪化にもつながるおそれがあるため、事例ではやり方を工夫しています。

One Point Advice

付箋一枚に意見を書き、読み上げながら貼り出します。付箋により、視覚的に意見の多様性を認識することができ、少しずつ「意見は違っていて当たり前」という風土ができてきます。

## 4 カンファレンスの結果の活かし方

　カンファレンスは前述のように、大まかな話し合いの視点において共通点はあるものの、それ自体に明確なゴールは決めずに行ってきました。しかし、日頃の保育の振り返りも兼ねていることから、せっかく出た意見を活かすために、意見の書かれた付箋をクラスや個人の月案の振り返りの一部としてまとめ、次月の計画を立てるために活用しています。

　そもそも計画自体が、日々の保育での気づきを活かし、複数のクラス担任が協働制作することを目的に、項目ごとに付箋に記入したものを貼る形式であるため、ビデオカンファレンスの成果もそのまま一部として活用でききます。

**Good Point**

研修や会議の内容を充実させるだけではなく、実際の保育に学びや気づき、意見やアイデアを活かせると、研修や会議に取り組む意義を感じやすくなります。

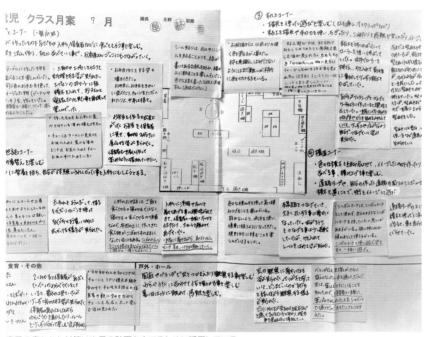

意見の書かれた付箋は次月の計画を立てるために活用している

園　名：社会福祉法人額小鳩保育園
　　　　幼保連携型認定こども園額小鳩こども園
所在地：石川県金沢市
定　員：165名

# 7章

事例で学ぶ
働きやすい
環境づくり

# 園内でのインフォーマルな関係づくり

職員の家族も一緒に参加した研修の一コマ。楽しみながら研修に参加することは職場への安心感につながる

### 事例紹介

働きやすい環境づくりのためには、多様な取り組みが必要です。この事例では、組織・チームとして意識的に取り組んでいることもたくさん紹介されていますが、職員の裁量に任せることで、より自然に人間関係の向上や連携・協働が生まれています。組織・チームをよりよくしていくには、意識的・計画的な取り組みとともに、想定外に起こってくることを柔軟に受け入れていく姿勢が大切であることがわかる事例です。

# 1 インフォーマルな関係づくりを考えたきっかけ

　職員同士のインフォーマルな関係、つまり組織内で個人的な関係をどのように築くのかというのは、保育業界だけではなくすべての組織が抱える懸案事項ではないでしょうか。新人歓迎会や飲み会を開いたら、関係は順調になるのでしょうか？　それだけでは順調にならないと感じます。そこで、改めて私たちの園が職員に求める人間関係のあり方について考えてみたところ、「一人ひとり居場所があると感じられること」「やってみたいことや思うことを話してよいと思えること」を大切にしたいと思いました。

　そのような関係をどうやってつくっていくかを考えたとき、介護世代も子育て世代も新婚の職員もいるなかで、保育時間外に行事等を開催するよりも、普段の関係づくりのあり方を見直していこうということになりました。そして、2つのことを考えつきました。一つは、普段の保育のなかでどのように子どもたちにかかわるか、職員の意識を統一すること。もう一つは、職員一人ひとりの今の人生の状況に合った対応ができる園であることを共有し、みんなで協力することに焦点を当てることにしました。

**用語解説**

**インフォーマルな関係**
フォーマルな関係とは、組織・チームにおける仕事上の役割遂行のために必要な関係性のことで、インフォーマルな関係とは、自然発生的に形成される人間関係のことです。

# 2 インフォーマルな関係づくりのポイント

## ①安心感を保障する

　新しい職場で働くとき、その職場でどのように振る舞うべきか様子をみる人が多いと思います。当法人では以前、職員同士の意見や見解の相違から、職場の雰囲気が悪くなることや、悪者探しをすることで保育に影響が出るようなことがありました。そのような経験を重ねるなかで、どうすれば解決できるのかを検討した結果、組織として望む人間関係についての基本的姿勢を職員に伝えることになりました。

　人はその人の今までの経験から得たフィルターを通して物事を見ており、そのフィルターは人によって違うため、同じ出来事を当事者2人から聞き取ったとしても、その人のフィルターを通したそれぞれの"ストーリー"が語られることになります。そのため、双方が納得できるように他者が解決することはとても難しいものです。

同じものでもかけているフィルターで違うものに見える

そこで、双方が納得できる解決策、かつ周りも協力できる方法を模索し、以下のように私たちのルールをつくりました。

> ○誰かに相談された人は、当人同士で解決することを前提とした、心の整理や話し合うためのアドバイスをする
> ○人からもたらされた人の話を噂として広めない
> ○「私が解決してあげる」と仲介に入ろうとしない

人が噂話をしたくなるのは、自分を正しいと思ってくれる味方がほしいからだと思います。これは、噂話として誰かに話さなければ、自分が悪者にされてしまうかもしれないという不安の裏返しではないでしょうか。もし、誰に話しても、自分と相手の気持ちも両方大切にかかわってもらえるという安心感があれば、噂を広める必要がなくなります。結局、当事者同士でお互いの思いを話し合って解決することになるので、相談を受ける人は、相談者がどうしたいかを気づけるように手伝うことに集中でき、周りの人も成長の機会として見守ることができるようになると考えています。

初めから、両者の気持ちを対等に扱うことは難しいですが、私たちの園がそのような姿勢をもっている職員の集まりであることを伝えることで、当事者の安心感は担保され、その安心を感じた人は自然とその一翼を担ってくれるようになります。

**One Point Advice**

よりよい人間関係を構築する基本は、言いたいことは、「その時、その人に伝える」ことです。つまり、「後で、他人を介して伝わる」ことは人間関係の悪化につながるということです。

子どもたちに安心できる場を手渡すためには、大人も安心できることが必要だということを表す法人のイラスト

②「雑談が大切」という認識を共有する

もう一つ共有しているのは、「雑談の大切さ」です。当法人では、保護者への伝達情報や記録に残したいもの、間違いなく伝えたいものについては、アプリやボードなどのツールを使って、できるだけ労力をかけずに共有する方法をとっています。とはいえ、全クラスがチーム保育であり、子どもの考えや気持ちを保育に反映していきたいと考え、現場のチーム運営をスムーズにするために、小さな話し合いを大切にしています。保育中に保育

**Good Point**

情報共有すべきことはフォーマルな方法（ボードやアプリ）で共有し、気になっていることや子どもの姿などは、インフォーマルな方法（チームの裁量に任せる）で共有しています。

者全員が集まって話をすることは難しいため、その都度伝えられる人に伝えられる量で共有します。

　内容は、子どものかわいい様子や成長したこと、子どもたちの流行りの種になりそうな会話、保育者が気になることなどです。その都度伝えることで、時間差があっても必要なことは全員に伝わり、すぐに話し合いが必要な場合は時間調整をすることができます。柔軟な運営のためにも、雑談が大切であるとという認識を共有することで、保育中でも誰もが遠慮せずに声をかけあうことができます。

③それぞれの人生の状況にあった対応を探していく

　結婚や出産、受験や介護……。当園で働く職員にはさまざまな家庭や人生の状況があります。そのため、職員皆に同じ対応をするのではなく、それぞれが働き続けるには、どのような対応やしくみがあるとよいのかを考えています。何かあったときに相談に来てもらえるような文化や空気をつくるとともに、著者は職員全員と近況を話す機会を設け、そこで出た課題に対しては、本人の気持ちを尊重しながらできる限り対応しています。

**One Point Advice**

保育者も一人ひとりさまざまな事情を抱えながら仕事をしています。園の基準を押し付けるのではなく、柔軟に対応することで、働きやすさを向上するヒントが得られるかもしれません。

## ③ 保育リーダーの役割と権限

### ①全体の様子を見る

　リーダーの集まりでも、保育はチームで行っていると再認識することで、お互いの思いや困りごと、余裕の有無などをお互いに話し、全体を把握することができます。リーダー会議を月に一度行っていますが、そのほかの場面でもリーダー同士が状況を見て、幼児と乳児の交流のほか、小さなことでも声を掛け合いやり取りするなどしています。お互いの状況や気持ちを理解していることで、リーダーが常に全体の様子を見ながら各チームの運営をしてくれます。

### ②他のクラスの状況を伝える

　リーダーが他のチームの状況を自分のチームの保育者に伝えられることで、職員皆がお互いの保育状況を想像でき、「今、行事の準備で忙しいんじゃない？」「大きい子とかかわりをもちたい子がいたよね」など、全体の状況を自分事として視野に入れた判断ができるようになります。皆が気持ちよく仕事ができるようにと考える人が多くいることで、特定の人が苦しい想いをすることなく、自発的に助け合いながら保育を進めることができます。

③相談は得意な人にする

　物事を決定するルートを決めておくことで、行き違いを減らすことができます。「相談は誰にしてもよい」ことを明確にしているので、その事柄が得意な人に相談することができます。また、相談しただけなのに実行することになってしまうような事態を防げるので、安心して相談ができます。

## ④ コミュニケーションを通じた学びのコミュニティづくり

　研修は机上で話し合いなどをするほかに、コミュニケーションをとりながら実際の技術を深めていくような学びを大切にしています。

　カプラを使った研修では、他園からの参加希望者とともに、参加可能な（カプラを楽しめる）年齢の保育者の子どもも受け入れました。子どもにはカプラでできることや楽しみ方を学びながら、園の職員として働く親の姿を見てもらえました。職員はともに働く仲間やその子どもと一緒に楽しみながら研修に参加することで、仕事をお金をもらうためにこなすものではなく、人生の一部として捉えていく認識をもてるようになります。

　また、当園で1年目の職員には、同じチーム以外の経験のあるスタッフと話をする時間として、「メンター・メンティー制度」があります。保育中に聞くタイミングを逃したことや、なんとなく当たり前のようで聞きにくいと感じたことの確認など、先輩に相談にのってもらう時間となっています。この制度を続けたい場合は、初年度が終わっても続けることができるしくみにしています。

　そのほか、保育者を目指す高校生ボランティアを受け入れ、学校が休みのときに保育のお手伝いに来てもらうなど、地域住民にも園にかかわっていただけるようにしています。保育者より専門性の高い地域の音楽家や紙芝居をしてくれる方などにも来ていただいています。外部の方にも園の方向性やあり方をお伝えし、ともに保育の現場に入っていただけるようにコミュニケーションを図り、お客様ではなく一緒に子どもにかかわる人として協力することを大切にしています。

高校生にも保育の楽しさを知ってもらう機会をつくっている

子どもも大人もみんなで輪になりつながる保育を目指している

## 5 インフォーマルなつながりを大切に

　世界はインフォーマルなつながりで満ちています。「園の同僚」という関係性であっても、心が通うためには、インフォーマルなつながりが必要となるのです。私たちは幸せになりたくて生きていますし、子どもたちに幸せになってほしくて保育をしています。

　あたたかいつながりを感じながら仕事をすることが大人の幸せの一部を担います。そして、仕事に幸せを感じる大人に見守られる子どもたちは、怒られたり、支配される生活をしている子どもたちよりも、人との関係の築き方がわかり、幸せを感じることが多い子どもになると考えています。人とともに活動する喜びがわかるからこそ、人とともに生活するために人を思いやることや折り合いをつけていくこと、新しい考えを取り入れることが楽しく学べていきます。そのためにも、大人も子どももお互いの気持ちを大切にうまくつながっていけるように、外部研修なども利用してより快適な環境を目指したいと考えています。

保育者が自分の思いを、他の保育者や保護者に伝えるためには、自己理解を深め自分の考えや思いに気づくこと、そして適切な言葉を選んで伝えられるスキルが必要です。

　園　名：社会福祉法人ほうりん福祉会
　　　　　幼保連携型認定こども園寺子屋大の木
所在地：愛知県名古屋市
　定　員：105名

# 自分と向き合いながら保育の楽しさを知る

経験年数が同程度の職員が少人数で集まる

**事例紹介**

> 組織・チームのメンバーが入れ替わるときは、新たなバランスを求めて不安定な状態となるため、一時的にリーダーの援助や介入が必要となります。こちらの事例では、リーダー層の適切な支援により、職員がお互いに助け合う関係性の構築を促進することで、新人職員も安心して保育に注力できるような環境づくりをしています。

## 1 きっかけ

　2019年度は、園長、副園長を除いた正職員保育士13名中4名が1、2年目の若手でした。新卒の職員は社会人経験がありません。また、当園はもともと経験豊富な職員が少ないうえ、ここ数年は中堅層の職員が産育休等で1〜2名不在となっていました。

　1年目の職員は事前にオリエンテーションや実習がありますが、保育現場ではすぐにクラス担任の一人となります。職員全体の経験年数が下がることで、子どもの安全や保護者の安心の確保、育成者の負担が危惧され、そのことが新任職員（1〜3年目）の意欲低下にもつながるのではないかと考え、1、2年目の職員を対象とした「新任者層園内研修」を実施しました。

**Good Point**

一時的であっても保育の質の低下や、職員の意欲低下などが危惧される場合、そのままにせず対応策を考え実行しています。

## 2 目的、願い

　保育の基本である子ども理解や安全管理については、実践や会議、他の研修で学ぶこととし、まずは働く者として自分を高められるようなテーマを設定しました。また、経験年数が同じくらいの者同士で話せる機会にし、研修後に「ご飯を食べに行こう」などと交流を深められるように、週末の夕方に設定しました。自分を理解し、職員同士が良好な関係を築き、落ち着いた気持ちで保育実践を重ね、保育の楽しさや仕事のやりがいを知ってもらうことをねらいとしました。

**One Point Advice**

新任職員が安心して仕事をするには、仕事の種類や手順、組織内での役割や、職員間の連携・協働による職務遂行方法等について事前に十分な情報を与え準備をさせることが大切です。

新任者層研修1年間のスケジュール

日程：5、7、9、12月の金曜日（年4回）
時間：17：00〜19：00（早番、中番で超勤扱い）
場所：事務室内のコーナー（保健室兼相談室）
対象：1、2年目の職員
講師：臨床心理士（外部講師）
テーマ：①自己理解
　　　　②課題解決
　　　　③業務の進め方
　　　　④認知機能の強化法
筆記用具、飲み水持参

## 3 配慮した点

　どんな研修も受ける職員が負担を感じてしまったら、前向きな学びになりません。できる限り参加者も周りの職員も負担を感じないよう、日程は園内の行事が少ない時期とし、連休前の週末は避けました。また、年度初めに1年間のスケジュールを予告して、参加者も周りの職員にも、"つもり"をもってもらいました。

　超勤扱いとすることは当然ながら、1番早いシフトで研修までに時間が空いてしまうと、長時間の拘束になるので、できるだけ勤務終了から時間が経たないシフトになるよう、他の職員に理解を求めました。

　研修場所は、外部刺激が気になりにくくリラックスでき、人数に見合っている部屋にしたいと考え、保健室兼相談室として利用している事務室内のコーナーを使用することにしました。もし病気の子どもが発生した場合は、臨時の場所を使うよう心づもりをしていました。事務室内のため、園長と副園長が仕事をしており最適とはいえませんが、スペースは扉で区切られているので、視覚刺激も聴覚刺激も少なく、広さは人数に見合っていたと思います。

　園内の先輩には聞きにくいことや言いにくいこともあると思い、また、外部講師のほうが客観的な視点と適切な距離感で研修を進められると考え、法人のカウンセラーである臨床心理士に研修を依頼しました。その講師は保育園勤務経験があり、保育現場をよく理解しています。また、この研修でカウンセラーと職員が出会うことで、今後迷いやつまずきがあった際に、気軽に相談できる関係になるのではないかというねらいもありました。

　参加者にも事前に研修の目的を伝え、受け身ではなく自発的意識をもってもらえるようにしました。

## 4 当日のおおまかな流れ

　まず、研修が始まる前に深くゆっくり呼吸しながら首や手を動かす準備運動を行います。そして、テーマについてディスカッションを行います。経験年数が近い職員同士で、4人という人数は、話しやすかったと思います。ディスカッションの後は感想を出し合い、学びを共有します。

　その後、講師よりコメントがあり、次回までの宿題が提示されます。最

**Good Point**

年間の予定を事前に伝えることで、見通しをもつことができます。プライベートの予定も立てやすく、研修に対する負担感が軽減され、前向きに取り組む姿勢が生まれます。

**One Point Advice**

外部講師や地域の専門家など、さまざまな外部の力を借りることで、問題が起こったときに柔軟に対処でき、組織のレジリエンス（ストレスがかかった時の回復力・復元力）が高まります。

後に、少し身体を動かして近くの人と触れ合う動
作をして終わります。

　研修終了後、内容と参加者の感想が園長に書面
で提出され、講師の振り返りを聞きます。

研修のレジュメ

## 5 テーマと内容、参加者の感想

　以下のようなテーマで研修を行いました。

---

〈第1回〉5月
・仕事を始めてみての感想、疑問等
・保育の仕事：わかっていること、うまくいく工夫
・自分を知る、記録の仕方、活かし方

〈第2回〉9月
・仕事がわからないとき、聞き方
・返答をもらって困ったときの工夫
・自分自身の認知の特徴
・自分と他者の物事の捉え方の違い
・自分の考えを伝えること

〈第3回〉12月
・研修でわかったこと、仕事のなかで役立つこと

---

　当初研修は4回の予定でしたが、3回目が講師の都合で未開催となり、12
月が最終回でした。3回を振り返って感想を出し合った後、講師からまと
めの言葉があり、「肯定文で考えること、発言すること」「言葉の使い方や
相手を意識すること」「新任の皆で体験を共有する時間をもつこと」の大切
さが伝えられました。

　第1回目の感想には、「この研修を通してお互いを知ることができて、と
ても穏やかな雰囲気で研修ができてよかった。自分の悩みを打ち明けるこ
とで、もやもやしていたことがすっきりしたり、他の人の意見を聞くこと
によって新たな発見もあった」「触れ合うことの安心感は子どもも同様だと
思う。日々の保育で触れ合いを大切にしながら愛着関係を築いていきたい

と思う」などが挙げられていました。

　第2回目も1回目と同様に自分の今の悩みや迷いを聞いてもらえたこと、それに対してさまざまな視点で意見が出ることに喜びと学びを感じたという感想が多かったです。

　最終回では、「どうやったら自分のなかにわかりやすく入っていくか、相手の気持ちになってどう伝えたらいいかを学んだ」「コミュニケーションの工夫と伝えるときの意識を学べた」といった感想がありました。さらに、保育の仕事の好きなところという項目には、「新たな発見がたくさんあること」「面白いことや小さな気づきがたくさんある。自分自身も学べる」といったことが書かれていました。

## 6 さまざまな職員がファシリテーターに

　当園では、他にも、非常勤職員も含めた全職員向けの園内研修やわらべうた研修、ファシリテーター層園内研修など、毎年さまざまな研修を企画しています。

　この事例では園長が企画を提案していますが、主任やクラスリーダー等のファシリテーター層職員が企画を提案したり、委員会を立ち上げて進めたりする方法もあると思います。調整して促進していくことに加え、環境を整えて見守ったり、後押ししたりすることもファシリテーターの大切な役割です。

　新任者層研修の実施から2年後、新型コロナウイルス感染症拡大により、保育環境も学び環境も難しい状況になりました。しかし、感染症対策を講じながらも豊かな保育環境と学びを実現させていけるよう、園全体で考えていこうという雰囲気をつくることができました。新任者層研修に参加した職員も全力で考え保育活動や行事に取り組みました。

　そこで、改めて当時の自分の感想を読み合う機会を設け、初心を思い出してもらうきっかけにしました。職員として3、4年目になり、新たな葛藤や悩みがあると思いますが、当時の純粋な気持ちを忘れずに保育と学びを深めていってほしいと思います。

　2022年度は、ファシリテーター層の職員が増えました。今後も、園の状況を見極めて、職員集団として必要なものを学べる環境を整えていきたいと思います。

## 目指したい像とそのためのアプローチを話し合った

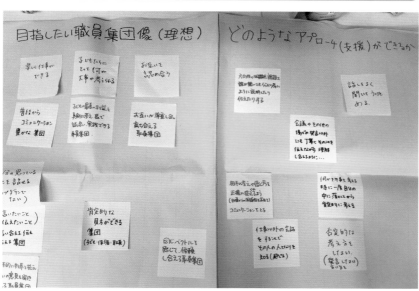

2022年度のファシリテーター層園内研修

園　名：社会福祉法人バオバブ保育の会　喜多見バオバブ保育園
所在地：東京都世田谷区
定　員：77名

# ノンコンタクトタイムのつくり方・使い方

職員室に円形テーブルを置き語りやすい環境にしている

### 事例紹介

保育現場における「働きやすさ」とは何でしょうか。複雑な特性を持つ保育という仕事において は、「こうすれば必ずこうなる」といった唯一の正解があるのではなく、考え続けていく姿勢が大切です。人や組織は生命体であり、常に変化し続けています。組織の現状を理解し、そのときに必要な手立てを考え取り組むことの重要性が理解できる事例です。

# 1 働きやすさとは？

　会議やミーティング、園内研修、保育、行事の準備などに共通するのは、子どもから離れる時間であることと同時に、保育者同士が対面する場でもあるということです。最近ではこういった時間をノンコンタクトタイム（NCT）と呼び、その限られた時間の充実を目指し、それぞれの園でさまざまな取り組みがなされていると思います。

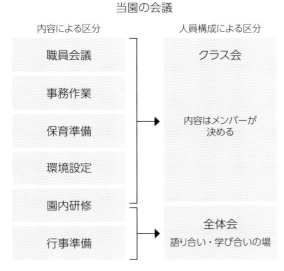

当園の会議

内容による区分
- 職員会議
- 事務作業
- 保育準備
- 環境設定
- 園内研修
- 行事準備

人員構成による区分
- クラス会　内容はメンバーが決める
- 全体会　語り合い・学び合いの場

　ここでは、そういった会議や園内研修といった場を、「働きやすい環境づくり」という視点で振り返りながら、本園の取り組みを紹介します。その際、「働きやすさ」とは、決して時間的、質的に負担感がないといったことだけを指すのではないことは、述べるまでもありません。一定のやりがいや手応えとのバランス、また、人それぞれの価値観によっても異なる、なかなか一筋縄ではいかないテーマです。

　まず当園では、年間を通じて子どもと直接的にかかわらない会議や事務、準備、園内研修といった時間をすべてNCTと捉えてスケジューリングしています。決まっているのは、そこにどういったメンバーが集うのかということだけです。その柱となるのがクラス担任が集まる「クラス会」、職員全員が集まる「全体会」です。その他、そのときどきに任意のメンバーが集まれば、それに応じた「○○会」が成立します。

　その際にベースとなるのがクラス会です。クラス会では、協議をしたり、語り合ったり、事務仕事をしたり、保育の準備や環境設定、研修動画の視聴など、その使い方をクラスで自由に決めることができます。「時間」は、それを使う人のものですから、自己決定を大事にしたいと考え、このような方法をとっています。

　そして全体会では、いわゆる「決めるための話し合い」や「報告・連絡・相談」のような内容は極力排して、できる限り「語り合い」や「学び合い」、

Good Point

同じ室温でも「暑い」と感じる人もいれば、「寒い」と感じる人もいるように、「働きやすさ」の感じ方は一人ひとり違うため、常に考え改善し続けようとする姿勢があります。

One Point Advice

自己決定が尊重される風土があると、職員は創造性を発揮することができます。そして、試行錯誤しながら自分たちにとっての最適解を見出していくことが期待できます。

「園内研修」の場としていきたいと考えています。「会議を捨て、保育の話をしよう」が合言葉です。

具体的には、年間日程のなかに、グループワークや半期ごとの保育展開の振り返り、外部講師による研修・保育カンファレンス、研修動画などの視聴、大きな行事の準備などを割り振っていきます。

こうして、会議や事務、準備、園内研修といった職員が対面するものを、NCTという言葉のなかに包み込み、それをそこに集う人たちに委ねていくと、その時間をもっと自由に柔軟にとらえることができるようになると思っています。「職員会議は全職員で行うもの」と考えがちですが、その規模の大小を問わず、すべてが職員会議です。お互いの言葉から気づき、学びがあるのなら、実はどんな会議であっても園内研修と考えることだってできます。そういう意味では、日誌などの書類を書くことも、またそれを読み合うことも、また語り合うことも、それは研修や研鑽といえるのかもしれません。

つまり、園内で職員が対面する場は、気づきや学びといった点でどれもがつながり合っていて、実は単純に目的によって切り分けられるものではありません。そういった区分をあまり意識しない場のほうが、対面の質に寄与するようにも感じています。

従来の習慣や枠組みに縛られず、園内のあちこちに散らばるさまざまなNCTを包括的にとらえ、そして柔軟に活用していきたいと思っています。

子育てひろばスペースでのノンコンタクトタイム。場を変えることで意見交換がしやすくなる

## 2 ICTによる情報共有と対話の場づくり

こうした全体会から、報告・連絡・相談や決め事など、いわゆる会議的なものを追い出していくために、ICT化も進めました。情報の伝達や共有などは、ICTの最も得意とするところです。メッセージ（チャット）アプリなどを活用し、オンライン上で情報共有できるような環境を整えていきました。

また、園を運営していくうえで決めなくてはならないことは、各クラスの代表者数名が集まり、それぞれのクラスメンバーの考えと往還させながら協議を進めるなど、できる限りコンパクトな場を設定するようにしています。

さて、そういったクラス会や全体会などの対面の時間は、毎日の午睡時間、夕刻に設定される月2回のNCT（一般的に職員会議といわれる時間）、年に数回、土曜日午前に実施される大きな行事の午後の時間などを使っていきます。特に、夕刻にNCTを設けるために、対象となっているクラスには他クラスから応援を送り、担任たちが保育室を離れることができるようなしくみをつくっています。

NCTの一覧

| 月 | 火 | 水 | 木 | 金 | 土 |
|---|---|---|---|---|---|
| | | NCT | | | |
| | | NCT | | | |
| | | NCT | | | NCT |
| | | NCT | | | |
| | | NCT | | | |
| | | NCT | | | |

| | |
|---|---|
| 毎日の NCT | |
| 毎月の NCT | |
| 年間の NCT | |

そういった語り合いをベースにした会合は、場の環境も大事な要素となると考えています。当園も、空き保育室を活用していくことで精一杯だったのですが、数年前に園舎の大規模修繕の機会に恵まれ、職員の集いのスペースとしても活用していくことを想定した子育てひろばスペースを増設し、そこを大人たちにとっても居心地のよいデザインにしました。

また、普段の居場所となる職員室は、個別のデスクを準備できるほど余裕がないぶん、ならば語り合う雰囲気を支えるような家具をと、円形テーブルを導入してみました。これは少人数でも相手と正対せずに、少し横に並ぶような位置関係で着席できるスタイルで、参加者の心持ちを少し変える気がしています。

そして、対面の場を、「会議的」な場から「語り合い」や「研鑽」の場に移していくためには、行事のもち方や書類のあり方といった他の業務にも

**Good Point**

各クラスの代表者だけで完結させ一方的に決定事項を下ろしていくのではなく、クラスメンバーと双方向で協議することを大切にしながらも、簡略化を目指しています。

**Good Point**

四角のテーブルだと対峙した座り方になりますが、こちらの事例の最初のページに写真があるように、円形テーブルだと横並びの関係性が生まれやすい環境だと感じられます。

**One Point Advice**

業務は個別のものではなく、連動しています。そして、業務のあり方により人の動きも変わります。つまり、人と業務のあり方は相互に影響を与えながら働きやすさが形づくられます。

ノンコンタクトタイムをつくり出す工夫であるチャットアプリ画面を見る保育者

**Good Point**

リーダー層が、リーダーシップを振り返る機会を設けています。振り返ることで、自己のリーダーシップのあり方への気づきや学びが生まれ、改善していくことができます。

目を配りながら、その中身を連動させていくことも大事だと思っています。実はこれこそが、園全体のカリキュラムを見直していく循環（カリキュラムマネジメント）にもつながっていく、大切な視点だと考えています。

### ③ リーダーシップを振り返る

　まず、それぞれのクラス会を、リーダーシップをとって進めていくこと、そして、年間を通した全体会の内容を立案、構成していくことがリーダーの役割となります。

　また、クラス持ち回りでNCTの時間枠を確保していくためには、クラス間での人員等の調整が不可欠です。それぞれのクラスの事情を持ち寄り、そのやりくりを相談する場合にもリーダーたちが中心となります。

　リーダー会は、2週に1回程度開催しています。NCTの調整も含め、クラスを横断する話題や課題をざっくばらんに意見交換できる場にしようと、子育てひろばスペースの空きテーブルを利用するなどして、少し心持ちがリセットできるような場所を選んで開催しています。

### ④ 保育の足腰を鍛える

　ノンコンタクトタイムという枠組みを確保したうえで、では、その時間を一体何に振り分けていくべきなのかを考えていくことが、実は一番大事なことだと思います。別の言い方をすると、「本当にこれに時間を割くべきなのだろうか」と感じることをやめていくためには、その空いた時間で、ぜひ皆でこれをやってみたいと思えることを見つけない限り、今やっていることをやめることはできません。それはとりも直さず、自分たちの園が今何を大事にしたいのかを考えることでもあります。

　つまり、NCTを何に使っているのかが、そのときどきの自分たち保育者集団のあり様を知るバロメーターでもあると感じます。保育の方法より

も子どもの心情の理解へと、保育者の動きよりも子どもの育ちへの期待感へと話題が移っていくことのほうが、より成熟した保育者集団なのかもしれません。私たちもまだまだその途上にあって、時間の使い方や語り合いの質など、見直すべき課題を山ほど抱えています。

　そうしたNCTのあり様を模索しながら、園内に醸成されつつあるものは何かと振り返ってみると、それは、私たちは「保育の足腰」を鍛えようとしているのだという自覚と実感です。ここでいう足腰とは、当たり前のことではあるのですが、「目の前の子どもの姿からその行為の意味を考え、次なる保育を構想する」といった、子ども理解に基づく保育が展開できる力です。ここを自覚的に本気で深めていくためには、やはり時間と手間と仕掛けが必要です。

　また、働きやすさ、そしてやりがいや手応えといったものは常に一致するものでもなく、専門職としてのキャリア形成のときどきによって、達成感を感じたり、物足りなさを感じたりということもあるように思います。そして、その職場で得た一定の充足感を手に、次の手応えを求めて巣立っていくこともあるのではないでしょうか。働きやすさとは、保育者の雇用継続のためだけに腐心していくものではなく、向き合うべき課題にフォーカスでき、日々の気づきに心震わせ、保育者自身が刷新されていく充足感によってもたらされるもののようにも思います。

　よい組織の条件は、常に変容し続けていく集団だといわれることがあります。NCTのもち方も含め、私たちもそうありたいと願っています。

One Point Advice

組織・チームの現状を理解することで、保育の質向上や働きやすい環境づくりのために、今後取り組むべきことが見えてきます。まずは何が起こっているのかを理解しましょう。

One Point Advice

人生にはさまざまなライフステージがあり、自分にとっての保育という仕事の意味や意義は変化していきます。職員の変化に応じて、組織も常に変化していく柔軟性が求められます。

園　　名：社会福祉法人誠美福祉会　幼保連携型認定こども園せいび
所在地：東京都八王子市
定　　員：115名

# 地域住民の力を借りて課題を改善する

プロジェクトで発表訓練をした場面

**事例紹介**

地域からの苦情対応策の事例ですが、一時的な対処のみで終わらせるのではなく、「改善プロジェクト」として地域と一体となって継続的に取り組むことで、職員が多くの学びや気づきを得る機会となった事例です。問題解決のプロセスを応用することで、保育の質向上や、園内の働きやすい環境づくりにもつながっています。

## 1 改善プロジェクトの発足

　保育園には、給食用食材や施設運営備品をはじめとした多くの業者の搬入車両が日々出入りします。その搬入業者の駐車方法に対し、保育園の真向かいの住民の方から、自宅車両の出し入れがすぐにできないことがあると指摘を受けました。取り急ぎ、業者ドライバーへ納品方法の改善を依頼しましたが、数日経ったある日、その住民の方より園長に直接話し合いの場をもつよう要請がありました。

　話し合いの場では、駐車状況が改善されていないことのほか、住民の方が感じている問題点が挙げられました。改めて、今件に関する対応を説明したところ、「現状把握（分析含む）および問題の真因が追及されておらず、それでは問題を解決できる対策ではない」と指摘されました。詳しく話をお聞きしたところ、その方は勤務先で業務改善の仕事に携わっていた経験がありました。

　それまでも保護者や業者に対してはさまざまな情報を発信し、職員会議で職員に苦情の内容を報告のうえ、住民の方に謝罪する等の対応をしてきましたが、時間が経つとまた同じことがくり返されるため、根本的な問題が解決されない限りこの問題は改善しないと感じていました。福祉施設である保育園で業務改善の手法を取り入れることが適切かわからない状況でしたが、問題解決のために力を貸していただきたいと申し入れたところ、「地域のためなら」と快諾いただき、2021年9月、その方をアドバイザーとして、「改善プロジェクト」を発足、改善活動をスタートし、現在も活動を継続しています。

## 2 改善活動スタート

　改善プロジェクトは月2回、アドバイザーとすべてのメンバーの参加が必須です。プロジェクトでは、現状の問題の抽出、およびその情報の共有を行った後、業務改善の基本を座学で学ぶという流れを一つのサイクルとしました。プロジェクトは勉強の場であることから、上司、部下といった立場に関係なく、気づいたことや感じたことを口に出すようにアドバイザーから促されました。また、相手のよいところがあれば必ず褒めることも指示されました。以下は、実際にプロジェクトで実行された内容を紹介します。

**One Point Advice**

問題解決では現状分析を十分に行い、問題の背景にある多様な要因を抽出します。そして解決策につながる原因を特定し、実行可能で効果的な対応策を検討し実行・評価を行います。

**Good Point**

苦情を地域からの園に対するフィードバック（評価）と捉えています。また、閉鎖的に園内のみで対応しようとするのではなく、地域住民の方の力を借りて改善に取り組んでいます。

**Good Point**

褒め合うということを通して、基本的な相互尊重の風土ができます。その風土に支えられて思ったことを立場関係なく伝え合うことができ、相互に多様な学びや気づきが生まれます。

## ⒊ プロジェクトの内容

### ①危険個所の見える化

　まず、メンバーで現状の運用で安全を損なうおそれのある行動を出し合いましたが、アドバイザーからは問題の報告が定性的で、具体性がないと指摘がありました。そこで、アドバイザーから最初の改善として、その問題のなかから園外保育（散歩）における問題の「（情報共有化のための）見える化とその改善」をテーマにしてはどうかと提案がありました。

　改善で重要なことは問題把握であり、「問題把握ができれば改善の7〜8割は完了する」と言われました。そこで、全職員に対し園外保育に関するアンケートを実施したところ、園外保育で起こる数多くの問題が改めて浮き彫りになりました。危険な横断歩道や横断歩道を渡らない保護者（在園児含む）等、数多くの問題がありました。その内容をプロジェクトで話し合い、その現象の「見える化」と、その現象を実際にメンバーが確認を行うことになりました。

　メンバーは、園外保育エリアの地図を印刷し、地図上の問題の場所に内容別に色分けしたシールを貼り、「見える化」を実行しました。また、横断歩道を渡らない保護者の確認は、該当道路にメンバーが当番制で立ち、いつどこで発生しているかを調査し、データを用いて定量的に報告しました。この調査結果から、大人が交通マナーを守ることが子どもたちの安全につながることを保護者に伝え遠回りでも横断歩道や歩道橋を職員が率先して渡ることで、横断歩道を渡り、自転車では車道を通行する保護者が増え、近隣住民の方より保護者の交通マナーが飛躍的に向上したというお言葉をいただきました。その後、園内の危険個所についても同様の方法で改善を実行しています。

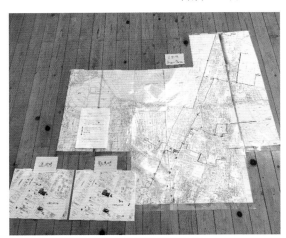

園外保育エリアの地図上で危険な場所を「見える化」

### ②手順書の整備

　次に実施されたのは「マニュアル」の見直しです。当園の職員は、新人からベテランまで年齢構成に幅があり、保育の知識や経験値が異なります。職員は決められたマニュアルに沿い保育を実行していますが、すべての職員が同レベルで保育を実行できていないことが問題となっていました。そこで、プロジェクトでマニュアルの見直しを行うことになりました。マニュ

**Good Point**

「改善プロジェクト」は駐車の問題から始まりましたが、問題解決の方法を職員が身につけることで、園内のさまざまな問題解決にも応用できるようになっていきます。

**One Point Advice**

手順書やマニュアルなどがあることで、新人からベテランまで業務の平均化（ミスや抜け漏れを防ぐ）や効率化（時間の短縮や人手不足の解消）が図れます。

アルの整備を行うにあたり、そもそもマニュアルがあるのになぜ整備するのかと戸惑う職員が出ることを想定し、「手順書とマニュアルの違い」を説明し、理解してもらいました。手順書の見直しでは、アドバイザーより手順書の書き方、手順書の見本が提供され、それを参考として改めて整備を実行しました。手順書は、手順書通りに行えば誰でも同じ保育ができるようわかりやすさにこだわり作成しました。

　具体的には、文書構成の階層（1. ①…等）をルール化し、文書は箇条書きでわかりやすく、作業のポイントや文章では分かりづらい部分は、写真やイラストを使い誰が見てもわかる手順書を作成しました。手順書で得たノウハウはすぐに活用され、園内の改修工事時の際に、園児送迎時の動線を変更した際、写真を使ったわかりやすいお知らせや矢印を使った動線案内等を導入したことで、保護者の混乱や事故等の発生もなくスムーズに運用できました。今後も手順書に関しては、作成の拡充、定期的な見直しが必要と考えています。

### ③管理板の作成

　当園では安心安全な保育を提供するために、職員に対してさまざまな情報を共有しています。職員は変則勤務保育を行っているため、情報を個別に確認・理解したうえで行動する必要があります。しかし、職員からたびたび、「掲示された情報を見ていなかった、知らなかった」という声がありました。それをプロジェクトで報告したところ、アドバイザーより「管理板」作成の提案がありました。管理板とは、誰もがさまざまな情報を閲覧でき、内容が見やすく瞬間的に確認できる仕掛けです。

　管理板作成におけるポイントの一つは、誰でも確認しやすい場所に掲示することです。事務所内の整理、整頓を実施し、職員の動線を確認したう

情報を発信する管理板。出勤した職員は、①から④の順に確認し、⑤の掲示物確認表へ記録する。スローガンを達成できた職員は星マークを貼る。楽しさも味わえるよう職員が考えた

---

**用語解説**

**手順書／マニュアル**
手順書は見れば誰でも同じ作業ができ、同じ成果になること、マニュアルは一つひとつ手順書をまとめたもので、目的や課題を達成するためのもの。

**Good Point**

「見える化」するだけでは、すべての情報が均一に目に飛び込んでくるため、注意が拡散し情報の取捨選択が起こる可能性があります。識別管理によりそれを防ぐことができます。

**用語解説**

**ハインリッヒの法則**

ハインリッヒの法則では、1つの重大事故の背後には29の軽微な事故があり、その背景には300のヒヤリ・ハットが存在すると考えます。

えで最適な掲示場所を設定しました。管理板で掲示される情報には、タイトル（見出し）を付けることで必要な情報が直ちに確認できるようにしました。その他のポイントとして、「同じ掲示物を掲示したままにしない」「すべての職員が内容を確認したことがわかるしくみをつくる」「職員全員が管理板運用にかかわる」などの指導を受けながら作成し、現在では職員からは前述した「見ていなかった」という発言は、一切聞こえなくなりました。そのほか、物や状態を区分する「識別管理」（青色は一般的なお知らせ、黄色は気をつけてほしいこと・注目してほしいこと、赤色は命にかかわる危険なことと示す）の方法を学び、全職員および保護者も共通認識としました。

④ヒヤリ・ハット活動（ハインリッヒの法則）を学ぶ

送迎バスや散歩先での園児の置き去りなど、全国の保育園で重大事故が発生しています。アドバイザーからメンバーにヒヤリ・ハットについて、活動の意味や活動の状況を確認されたところ、正確に回答できたのが一部のメンバーであったため、プロジェクトでの改善対象として活動するよう提案されました。

重大事故を発生させる各事故は、重大な事故：軽微な事故：ヒヤリ・ハットが「1：29：300」という割合で構成される（ハインリッヒの法則）ため、ヒヤリ・ハットの件数を見つけ出せば出すほど、重大事故を引き起こす確率を減らすことができるとあらためて理解しました。ヒヤリ・ハットを正確に理解した職員から、毎日1つの「ヒヤリ・ハット」を書き込んだメモが提出され、管理板脇に設置したホワイトボードに貼り付けることで職員がその情報を共有できるしくみとなっています（重大な問題を引き起こす要素が高いヒヤリ・ハットは、プロジェクトによる改善対象として取り扱います）。

## 4 地域共生社会を目指して

トラブルがきっかけとなり発足した改善プロジェクトですが、月2回の活動を重ねていくことで無駄な作業がなくなり、子どもたちに対する安全性の向上や事務所の「見た目の様子」が変わることで職員の意識が変わってきたことを実感しています。製造業の手法が、保育園のような福祉施設に適切か未知数でしたが、実行・継続するなかで活動の成果が確認でき、

緊急に改善が必要なものには「すぐ改善」、現在は大きな問題ではないが危険性が高いものに発展する可能性のあるものには「要チェック」等の札を貼る

職員の意識を大きく変えるきっかけとなっています。

　今後は多くの職員がこの手法を学ぶことで、問題に直面した職員自ら改善を実行できるよう、現場力の向上を目指します。本プロジェクトを通して得た「保育園の質の向上」「職員の意識の向上」は、子どもたちの安心・安全な生活を守るとともに、日頃より当園の保育内容や保育事業を理解し見守っていただいている周辺地域の方々の安心した生活を守ることとなります。今後も地域の方々と一緒に園児を育てる「地域共生社会」をつくりあげていくことが、このプロジェクトの大きな目的です。

One Point Advice

地域共生とは、園が地域の子育て支援をするという「支え手」「受け手」という関係を超えて、地域のつながりによって、よりよい地域社会をともにつくっていくことを指します。

園　名：社会福祉法人紅葉の会　さくらんぼ保育園
所在地：東京都府中市
定　員：130名

## よりよい職場環境の実現に向けた「ウェルビーイング委員会」の設立

リラックスした雰囲気での話し合い

### 事例紹介

忙しい保育現場であっても、忙しいという字の通り心を亡くしてしまっては、豊かな保育はできません。特に職場の人間関係は、職員の心の健康に少なからず影響を与えます。人間関係を良好に保つために、リーダーが組織・チームの状況を理解し適切な支援を行うとともに、関係性が向上していくようなしくみづくりに園全体で取り組んでいる事例です。

# 1 職員のウェルビーイング

保育現場は日々時間に追われるなかでも、何とかやりくりしながら子どもや保護者、地域のウェルビーイングについて話し合う時間を確保していると思います。しかし、改めて自分達自身の働き方について、話し合う時間や機会を確保することは少ないのではないでしょうか。保育者のブラックな労働環境についてメディアなどで取り上げられることも増え、また社会全体での働き方改革が話題に上る昨今、息切れせずによい保育を継続していくためにも、保育者の労働環境について振り返り、話し合う時間を定期的に確保することが、各保育現場で急務となってきているのではないでしょうか。

こうした時代背景のなか、当園では人間関係でのトラブルや心の健康に関して問題を抱える職員の増加を受け、より働きやすい職場環境づくりに向けて園としてのしくみを整える必要性を感じていました。そこで、2021年度に県の心の健康づくり計画助成金を活用して、メンタルヘルス不調の予防から早期発見、早期対応、休業者の職場復帰に至るまで、職場のメンタルヘルス対策の体制づくりなどについて、年間計画の作成や産業保健総合センターの指導員による研修の開催、相談窓口の設置、ストレスチェックリストの配布等を実施してきました。

また、そうしたメンタルヘルス対策の一環として、よりよい職場環境づくりについて話し合う機会を設けようという園長の呼びかけで、改めて各現場のリーダー層が集まり、2022年から「ウェルビーイング委員会」を設立しました。職員皆のウェルビーイング（身体的、精神的、社会的に良好な状態）に向けて、年2回程度を目安に定期的に会議を設け、各委員が「何でも気軽に話し合う」をモットーに、毎回約90分程度を目安に開催しています。昨年はこの委員会で、職場の課題や改善点など、幅広い内容が話し合われ、職員の腰痛予防や親睦のためのヨガ、ピラティス教室の実施のほか、リラックスしながら調理したいとの意見を受けて調理室に音楽をかけることが実現しました。

**用 語 解 説**

**ウェルビーイング**
ウェルビーイング（Well-being）とは、Well（よい）とbeing（状態）が合わさった言葉で、身体的・精神的・社会的によりよい状態にあることを表します。

**Good Point**

人間関係のトラブルや心の健康に関して、職員個人の問題として捉えるのではなく、組織としてできることを考え実行する姿勢があります。

**One Point Advice**

人によって何に幸せを感じるかは変わってきますが、ウェルビーイングにも正解はなく、常によりよい状態を目指して継続的に組織を改善していくことが重要です。

## 2 助け合う文化と仲間意識の醸成

　労働安全衛生法上では、労働者数50名以上の全業種で衛生委員会の設置や、月1回以上の開催が義務付けられています。しかし、当園はそこまでの職員規模ではなく、また安全にかかわる議題は事故防止委員会を定期的に開催していることや、衛生委員会というと、工場の作業で被害を出さないための会議のような堅いイメージがあり、特に職員の健康増進だけをテーマに時間をとって話し合う必要性をあまり感じていませんでした。

　しかし、身体だけでなく心の健康に問題を抱える職員の増加に伴い、子どもや保護者、地域のウェルビーイングについて話し合うのと同様に、年2回ぐらいは職員の心や身体の健康増進に向けた話し合う機会を設けようと「衛生委員会（仮）」を2021年に立ち上げました。しかし、「会議名が堅すぎる」という意見から名称を募り、幅広く職場環境の改善に向けて話し合うという意味も込めて、2022年度からは「ウェルビーイング委員会」と名称を改めました。名は体を表すといいますが、多くの人がイメージしやすく親しみやすい会議の名称づくりは重要だと考えます。

　また、当園では園の人間関係づくりを強め、各クラス間での個別のトラブルなどを防止するためには、さまざまなラインから相談ができるように、クラスの枠を越えて親睦する機会（やりたい人で活動する部活動、職員の親睦会など）や、所属クラスと異なる職員構成のメンター制度を設けています。こうした取り組みを通して、縦・横・斜めの関係性を強化するなど、意識して園の仲間意識や助け合う文化を醸成し、そうしたさまざまなしくみがうまく機能しているかの点検や、課題を改善するための新たなしくみづくりなどを「ウェルビーイング委員会」で行っていきたいと考えています。

職員親睦のバレーボール大会

## 3 保育リーダーのファシリテーション

　当日の会議は限られた時間で行われるので、リーダーの動きとしては、

できるだけ会議がスムーズに進行するよう、準備段階で会議の目的や意義などの大まかなアウトラインを固め、議題を作成するまでがとても重要です。その際に、リーダーの思いだけで突っ走ってしまわないように、3割ぐらいが完成した段階で、主任など他のリーダーと相談しながら議題を作成することを心掛けています。

　また、当日の会議の進行に関しては、出席者の意見をできるだけ尊重し反映できるようにしながらも、時間を有効活用するため、意見を促したり、時間配分や各人が話す頻度のバランスなどには気を留め、全体の流れをまとめながら会議をファシリテート（促進）していきます。

　そして、リーダー自身が意見を提案する際には、あくまでも命令などではなく、一意見として他の意見と対等な話し合いであることが伝わるように配慮しています。リラックスして笑いが起こるぐらいに雰囲気よく、ただし脱線しすぎないように、メリハリを大切にしています。限られた時間内で会議の収穫を意識し、ある程度の結論や、「チームとしていつまでに何をするのか？」といった具体的な方向性を導き出していくことをサポートするのがリーダーの役割だと考えます。

　ただでさえ日々多くの業務に追われている保育現場では、やりたいことを増やす際には、優先順位の低いものを減らしたり、合理化することを念頭に置いて議論を進めていかなければ、仕事量はあっという間に増えていってしまいます。そこで、職員が余裕をもって働けるように中長期的な視点やバランス感覚をもって、話し合いをサポートしていくことがリーダーにとって重要な役割だと考えます。

## ４ 会議の目的と議題の共有

　園長、主任、副主任、調理師、看護師の計8名が参加し、年2回の頻度で午睡の時間を利用し、お菓子などを飲食しながらアットホームな雰囲気で話し合いを行っています。冗談を交えながら笑いが巻き起こることもしばしばです。限られた時間内でのスムーズに進行するために、園長が下記の表を作成しています。

　会議の大まかな議題は園長が作成し、出席者は各現場職員の意見などをヒアリングしながら代表として議論を交わし、会議で決定した内容の周知も担当してもらっています。

One Point Advice

職員間で対話をすることで、会議の結論に共感と納得感が生まれやすくなります。ただし、対話には時間が必要なので、効率化にも取り組み対話の時間を確保することが大切です。

Good Point

リーダーが客観的にチームの状況を理解し、時間管理や雰囲気づくりなど、適切な支援ができていることで、充実感や手応えのある会議になっています。

Good Point

お菓子を食べる、コーヒーやお茶を飲みながら話すような時間があることで、リーダー層の関係性が良好に保たれ、それが園全体の職員の関係性の向上につながります。

ウェルビーイング委員会の目的と議題

〈目的〉
良好な人間関係を基盤に、職員一人ひとりのウェルビーイングに互いが寄与し合い、笑顔が多く居心地のよい、温かい職場環境づくりを推進する。
〈議題〉
・職員の健康推進について
　熱中症対策、健康診断、感染症予防、腰痛予防対策　など
・労働環境について
　職員用の備品の購入について
・職員の事故予防について
　職員の怪我に関するヒヤリ・ハット
・過重労働対策について
　業務省力、シフトづくり、クラス編成
・職員の親睦について
　親睦会、職員研修　など
・心の健康づくり計画（メンタルヘルス）について
　メンター制度の活用、いつもと違う様子への気づき、人間関係のトラブル
・防災・救急対応について
　職員用の災害用品、防災タイムラインづくり
・その他

　たとえば、前回の会議では、
・職員の事故防止に向けたヒヤリ・ハットを調理室でも作成する
・2歳児クラスのワーキングスペースの確保について
・職員用の常備薬を園で買い足す
・職員が購入したい物リストの作成
・退勤時の各クラスへの挨拶をコロナ前に戻す
といったことが話し合われました。会議に参加する職員が主体性をもって、さまざまな意見を出してくれるので、話がさまざまな方向に飛んでいきがちですが、一つひとつの議題をしっかりと着地させ、方向性を定めるようにしています。

## 5 小さな取り組みの積み重ねが大切

　海外に比べても人員配置基準などが貧しく、常に忙しい保育現場ですが、何より職員を疲弊させるのは、チーム内の人間関係の悪化ではないでしょうか。職員の人間関係を良好に維持していくためには、リーダー層の

One Point Advice

人間関係を良好に保つためには、リーダーの直接的なかかわりや支援とともに、関係性が向上していくようなしくみづくりが必要です。

さまざまな工夫や知恵、そして組織としてのしくみづくりが必要不可欠であると感じています。

　今後は当園でも、若手職員や学生を育てるためのチューター制度の構築や、実効的なノンコンタクトタイムの創設などについても議論を進め、働きやすい職場づくりを進めていきたいと考えています。

　また、園の大きな意思決定を行う各リーダー層での会議では、参加者は話し合いのなかで理念を共有したり、決定に参画するなかで責任感なども育まれていきますが、参加できない多くの職員には、決定の際の思いや話し合いのプロセスを抜きにした形のみが伝わりがちです。そこで、若手の職員たちにも、少人数でこうした会議に順番で参加してもらい、各リーダー層が話合う姿を見てながら、主体性や意識を育んでもらえたらと考えています。

　このような取り組みは、すぐに効果が目に見えるものではありません。しかしそういった少しずつの積み重ねからか、当園では長年に渡り働く職員も多く、また近年では職員の紹介で入職するケースなども増えており、こうした良好な関係性を意識した取り組みが人材確保につながっていると感じています。また職員のウェルビーイングは職場への愛着ややる気にもつながり、ひいては子ども達一人ひとりを大切にする保育にも必ずつながっていくと信じています。

園庭の緑が皆の情緒を安定させてくれている

園　名：社会福祉法人ひなどり保育園　浦和ひなどり保育園
所在地：埼玉県さいたま市
定　員：150名

# 人間関係とやりがいから働きやすさを考える

教材研究でお手玉づくりをしているところに「ちゃいっぺ」どうぞ。お茶を飲むことで心や時間に余裕が生まれる

事例紹介

保育現場の働きやすい環境づくりにおいて重要な要素は、職員間の人間関係と、保育の
やりがいや手応えでしょう。しかし、手間がかからず即効性のある方法というのは存在し
ません。この事例では、組織の現状を分析し、解決策を見出し、小さな取り組みを着実
に積み上げることによって働きやすい組織風土を少しずつ築き上げています。

## 1 働きやすさは漠然としている

　働きやすい環境づくりは、すべての園が直面している大きな課題の1つだと思います。しかし、具体的にどこから何をしてよいか悩んでいる園も多いと思います。それは「働きやすさ」の捉え方はとても漠然としているからです。以下に、いくつか挙げます。

- ・残業がない、持ち帰り仕事がない、休憩がとれる、有給、育休など休みがとれる、ノンコンタクトタイムで仕事がはかどる
- ・せかせかしないでゆったり仕事に向き合える
- ・よく笑っている、職員の仲がよい、職員間の同僚性が高い、コミュニケーションがとれている、言いたいことを伝えられる
- ・打ち合わせ、ミーティングができる。子どもの話、保育の話ができる
- ・保育者としてのキャリアの見通しが立つ。やり甲斐を感じられる
- ・共有・共感がたくさんある。負担に公平性がある。人事考課がしっかりして、見合った給与がある
- ・目指す保育をカタチにできている、園や法人の目指すことに共感・納得できている

職員のライフステージによって、仕事に何を求めるのかという価値観は変化します。何に働きやすさを感じるのかは個人の中でも変化していきます。

　いかがでしょうか。皆さんのイメージする働きやすさも含まれていたでしょうか。捉えどころが広いので、ここでは、働きやすさを2つの側面から捉えてみたいと思います。

## 2 日中の時間の使い方を工夫する

　一つは、どのような仕事にも共通する「一般性」の側面です。いわゆる「働き方改革」という言葉に代表されるような、仕事の効率や生産性を上げて、時間外労働を減らし、仕事以外の生活も充実を図るというワーク・ライフ・バランスを目指すものです。こちらも主に時間の使い方、効率性についてはリーダーが大きな役割を担います。開所時間は園によって大きな違いはありません。シフトで勤務を組んでいることも同じでしょう。後はその使い方です。日中の子どもも保育者も一番多くなる時間こそ、工夫のしどころです。

　当園では主に、日中の時間を効率的に使うことを意識しています。子どもの午睡と眠らずに遊ぶ子の見守り、スタッフの休憩、保育の話し合いを並行して行っています。これまで終礼として16時前後に行っていた振り返

りの時間を、昼礼として13時45分から最大15分で終わるように切り替え
ました。夕方だと特に0、1歳児のクラスから保育者が出にくい状況だった
にもかかわらず、参加できるメンバーだけで進めていたことを改めようと
いう機運が出てきたことで、より一層、昼の時間帯をすべての職員の理解
と協力のもとに工夫するようになりました。

　昼礼以外の話し合いは、クラス会議や0〜2歳、3〜5歳児の担当会議、そ
れぞれの計画・振り返り、給食会議などです。各会議の開始時間、終了時
間を事前に共有し、話し合いはリーダーが意識的に話しやすい雰囲気をつ
くり、そのときの議題を決めています。また、話しながら書き留めたこと
をA4用紙1枚にまとめて写真を撮って共有ツールにアップするようにして
います。

　保育室を離れて、他の保育者の支えのなかで会議等をする場合、特に意
識して、会議の議事録等を「見える化」していく必要があります。立場な
どにより会議に出る人は限られていることが多く、知らないところで決まっ
たことが見えないと思わぬトラブルになることがあります。会議等の「見
える化」はあくまでも手段ですので、その情報をもとに補える時間をとれ
るようにするといいと思います。

　また、日中の時間をつくるために一日の在園児の登降園数を15分ごとに
グラフにして、さらにそこに保育者の出勤状況も同じ15分ごとにグラフな
どで表すと、特に幼稚園などは使える時間が隙見つけやすくなることがあ
ります。グラフ化することでと、日中の人数が多い時間帯の使い方の工夫
が必要なことも見えてきます。

**Good Point**

会議の記録は保管することが目
的ではありません。この事例で
は、会議に出席できなかった職
員と双方向のやり取りを通して、
会議の結論に対して共通理解
をもつためのツールになってい
ます。

**One Point Advice**

15分単位で区切ったシフト表を
作成してみると、時間帯ごとの
職員体制が一目で理解できま
す。そして見える化した業務の
より効果的・効率的な遂行方法
について検討するとよいでしょ
う。

**One Point Advice**

「忙しくて全く時間がない」「いつ
も人が足りない」という感覚的
な捉え方をするのではなく、数
値や表で表してみると問題の本
質を捉えられ、解決策が見つか
りやすくなります。

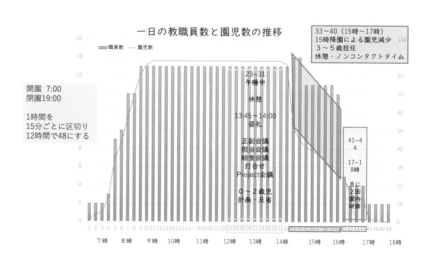

一日の教職員数と園児数の推移

## 3 働きやすさの土台は「面白いを面白がる」

　もう一つは、保育ならではの「特殊性」の側面です。保育における働きやすさとは、保育のやり甲斐と言い換えられるかもしれません。保育を、子どもを、同僚の保育実践や捉え方を、面白がることです。他の仕事に比べて保育は、面白がりやすく、やり甲斐を感じやすい仕事だと思います。そんな仕事の特性を活かさないのはもったいないと思います。そこで当園では、「面白いを面白がる」をテーマに、保育の質向上に向き合っています。向き合うという言葉を選んだのは、向上するのはそう簡単なことではないので、なかなか上がらないけれど向き合い続けていくというスタンスだからです。

　具体的に面白がるとは、子どもが見つけた面白いことを同じように保育者が面白がることです。面白さがわからないこともしばしばですが、子どもが面白がっているからには、そこにはどんな面白さがあるのかとチューニングを合わせようとすることがとても大切です。また、面白いことを見つけたときに、思わず伝えたくなるような関係性も大切です。「今日はこんなことがあったんだよ」「こんな姿を初めて見て感動したんだ」といった話が思わず出てくるようになるといいですよね。保育は一人でするものではなく、園にいる皆でするものです。そう考えると、「私の見つけた面白い」と「あなたの見つけた面白い」を持ち寄り、積み重ねていくことが保育の質向上につながりそうな気がしてきます。

　しかし、面白がることも実は簡単ではありません。まず、子どもたちがいろんなことを面白がれる保育でなければいけません。そのためには、それができる環境があり、保育者がいることが必要です。

　そのためには、個人レベルで見ると、保育者が面白がることを見つけることができる目をもち、子どもの面白いをともに面白がれる感性や心の弾性が必要です。園レベルで見ると、一人よがりにならないための安心・安全が守られる組織と関係性が必要です。これらを育てていくためには、トップリーダーの想いももちろん大事ですが、ミドルリーダーの振る舞いも大きな影響があります。安心・安全な雰囲気をつくる部分にミドルリーダーが日常的にかかわっているからです。

　では、面白がることを可能にするために、安心・安全な働きやすい環境をつくるにはどうしたらよいでしょう。当法人が大切にしている想いに「凸

**Good Point**

あえて「面白がる」や「向き合う」という言葉を使うことで、保育者が取り組みを身近に感じ、前向きに取り組むことができ、結果として保育の質向上につながります。

**One Point Advice**

組織の課題には、個人レベル、グループレベル（クラス内やクラス間）、組織レベル（園全体）のものがあります。各レベルの課題を整理してみることで、本質が捉えやすくなります。

凹の共有」があります。これは、自分の得意なことや好きなことで、誰かの苦手をカバーするような組織を目指そうとするものです。また自分の苦手なことを言える関係性も目指しています。

　例えば、0歳児が入園したときに、まずは安心して過ごすことができるようになるためにさまざまなことに配慮します。年齢が高くなると安心は自分で担保するもののようになっていきますが、自分がここにいていいと感じられることは、大人も子どもも同じように大事なのです。こういったことが保育園での働きやすさを作る土台だと思います。

## 4 「自分グラフ」で凸凹を共有してみる

　「凸凹の共有」をわかりやすくすると、自分の得意不得意をレーダーチャートで表したとき、園にいる皆のレーダーチャートを重ねると丸に近づき補い合えているイメージしやすくなると思います。実際に凸凹を共有する「自分グラフ」というワークをご紹介します。

　六角形のレーダーチャートをつくってみてください。そこに自分の得意なこと好きなこと、苦手なこと嫌いなことを3つずつくらいにプロットして頂点を線で結んでおきます。そのレーダーチャートを基に、改めて自分の得意不得意をグループ内などで共有していきます。近くの人と1対1で紹介して、それをさらに別の人に3回くらい紹介するのも盛り上がります。年度初めのキックオフ研修などで新しく加わる仲間がいるときなどにやると、意外な側面を知れたり、大きな共感が生まれたりしてとても楽しいワークとなります。

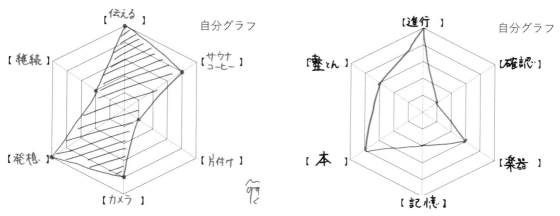

ともに働く仲間の意外な側面を知ることができる

## 5 「ちゃいっぺ」ファシリテーション

　働きやすさと聞いて真っ先に思いついたのは「ちゃいっぺファシリテーション」です。鹿児島弁で「ちゃいっぺ」とは、「お茶一杯」という意味です。「お茶を一杯どうぞ」と出されて嫌な人はあまりいないと思います。そして、お茶を一杯飲むことで心や時間に余裕が生まれ、それがコミュニケーションをとるうえでとても有効だと感じます。

　当園では、職種や年齢、経験にかかわらず、職員間でもお互いをリスペクトする土壌ができていると感じていますが、それは相手を思ってお茶一杯を淹れる心もちが支えてくれているのかもしれません。

　お茶に限らず、「よかったらどうぞ」「ありがとう」が増えていくと、人間関係も悪いほうには進まない気がします。願わくば、お茶を飲みながら改めて子どもたちや保育の面白さを、ときにはお茶より熱く語り合い、気づけばお茶が冷めているなんてことも出てくると面白いと思っています。

**One Point Advice**

ファシリテーターに求められる姿勢は、相手（個人・集団）への信頼と貢献です。職員一人ひとりがそのような姿勢を身につけることで、働きやすい組織風土ができてきます。

丁寧に相手を思ってお茶を淹れる

園　　名：学校法人めぐみ学園　阿久根めぐみこども園
所在地：鹿児島県阿久根市
定　　員：90名

## 執筆者一覧

編著者
**鈴木健史**（すずきけんじ）　　　　1、2、3章

事例執筆者（執筆順）
**山本由美子**（やまもとゆみこ）　　　4章1
社会福祉法人清遊の家　葛飾区たつみ保育園園長

**大西祐輔**（おおにしゆうすけ）　　　4章2
社会福祉法人白菊会　かみこまつ保育園園長

**大貫あすか**（おおぬきあすか）　　　4章3
東京都千代田区立神田保育園

**牧野まき子**（まきのまきこ）　　　　4章4、7章1
社会福祉法人ほうりん福祉会　幼保連携型認定こども園寺子屋大の木園長

**柴田典子**（しばたのりこ）　　　　　4章5
株式会社パソナフォスター運営保育施設

**神野恵理**（じんのえり）　　　　　　5章1
社会福祉法人清遊の家　西新小岩あや学童保育クラブ施設長

**衞藤美樹子**（えとうみきこ）　　　　5章2、6章3
社会福祉法人種の会　世田谷はっと保育園園長

**磯山真子**（いそやままさこ）　　　　5章3、6章2
社会福祉法人ル・プリ　かさまの杜保育園園長

**塚本秀一**（つかもとしゅういち）　　5章4
社会福祉法人湘南学園　幼保連携型認定こども園保育の家しょうなん理事長・園長

**中村章啓**（なかむらあきひろ）　　　5章5、6章4
社会福祉法人柿ノ木会　幼保連携型認定こども園野中こども園副園長

**島本一男**（しまもとかずお）　　　　5章6
社会福祉法人相友会　諏訪保育園園長

**菊池久美子**（きくちくみこ）　　　　6章1
社会福祉法人バオバブ保育の会　バオバブちいさな家保育園副園長

**前田武司**（まえだたけし）　　　　　6章5
社会福祉法人額小鳩保育園　幼保連携型認定こども園額小鳩こども園理事長・園長

**勝又恵子**（かつまたけいこ）　　　　7章2
社会福祉法人バオバブ保育の会　喜多見バオバブ保育園園長

**折井誠司**（おりいせいじ）　　　　　7章3
社会福祉法人誠美福祉会　幼保連携型認定こども園せいび園長

**滝口真由美**（たきぐちまゆみ）　　　7章4
社会福祉法人紅葉の会　さくらんぼ保育園園長

**丸山和彦**（まるやまわげん）　　　　7章5
社会福祉法人ひなどり保育園　浦和ひなどり保育園理事長・園長

**輿水基**（こしみずもとい）　　　　　7章6
学校法人めぐみ学園　阿久根めぐみこども園園長

編著者紹介
**鈴木健史**（すずきけんじ）
東京立正短期大学現代コミュニケーション学科
幼児教育専攻准教授。保育ファシリテーション
実践研究会主宰。専門は保育者論、子ども理解、
子育て支援、ファシリテーションなど。保育の
「ファシリテーション」「リーダーシップ」等について研究研修を行い、「保育者同士のよりよいコ
ミュニケーション」「子どもに関わる大人の育ち」
などに取り組んでいる。

カバー写真協力
社会福祉法人清遊の家　葛飾区たつみ保育園
社会福祉法人ほうりん福祉会　幼保連携型認定こども園
寺子屋大の木　撮影：三澤武彦（旅する写真屋）
社会福祉法人種の会　世田谷はっと保育園
社会福祉法人ル・プリ　かさまの杜保育園
社会福祉法人誠美福祉会　幼保連携型認定こども園せいび

## 対話が生まれる・同僚性が高まる
## 保育のファシリテーション
### 園内研修・クラス会議・OJT　22の好事例集
2023年6月20日　発行

監　修　公益社団法人全国私立保育連盟
編著者　鈴木健史
発行者　荘村明彦
発行所　中央法規出版株式会社
　　　　〒110-0016　東京都台東区台東3-29-1　中央法規ビル
　　　　TEL 03-6387-3196
　　　　https://www.chuohoki.co.jp/

装幀デザイン　　　松村嗣己
本文DTP・デザイン　日経印刷株式会社
印刷・製本　　　　日経印刷株式会社

定価はカバーに表示してあります。
ISBN978-4-8058-8914-5